Nestor T. Kolee

Der Junge im Fluss

NESTOR T. KOLEE

# Der Junge im Fluss

Über die Suche
nach dem eigenen Ich

Mit Illustrationen von
Katharina Netolitzky

dtv

© 2022 dtv Verlagsgesellschaft mbH & Co. KG, München
Das Werk ist urheberrechtlich geschützt.
Sämtliche, auch auszugsweise Verwertungen bleiben vorbehalten.
Umschlaggestaltung: Giovanni Misagrande
Gesetzt aus der Franziska
Satz & Layout: Gaby Michel, Hamburg
Druck und Bindung: Print Consult GmbH, München
Printed in Slovakia · ISBN 978-3-423-35194-2

*Meinen Söhnen.
Mögen sie bewahren und verändern,
was sie für richtig halten.*

# Prolog

Es waren die Vögel, die den Frühling ankündigten. Nach einem dunklen Winter begannen sie schon in aller Früh zu singen. Ihr lautes Zwitschern hatte den Jungen geweckt. Lange hatte er wach gelegen und ihren Stimmen gelauscht, bis schließlich die Sonne in sein Zimmer schien. Das Blau des Himmels war kräftiger als an all den trüben Wintertagen zuvor. Aufbruch lag in der Luft. Ein neues Leben stand bevor, das nach den ewigen Tagen der Kälte und Finsternis gelebt werden wollte.

Der Junge sprang aus dem Bett. Es steckte plötzlich so viel Energie in ihm. Voller Tatendrang lief er aus dem Haus in Richtung des Flusses. Das Plätschern war schon von Weitem zu hören. Es war noch nicht so laut wie im Sommer, aber auch nicht mehr so still wie im Winter. Auch dieses Plätschern verkündete einen Neuanfang.

Der Junge liebte diese Zeit. Das lange Warten war vergessen, und das Neue gab es im Übermaß. Es konnte verschwendet werden. Wenn einmal etwas misslang, wenn es regnete oder sich ein Tagewerk nicht so wie gewünscht vollenden ließ, war das nicht schlimm, denn es lag noch alles vor ihm. Es waren Tage, die ohne Zutun immer heller wurden. In ihnen lag die Vorfreude auf warme und sonnige Zeiten, ohne dass schon die Last der Hitze zu spüren war. Sie ließen den Jungen träumen. Vor allem spürte er ein unendlich schönes Gefühl grenzenloser Freiheit.

Beschwingt erreichte der Junge den Fluss. Er blickte auf das vorbeifließende Wasser und hielt einen Moment inne. Dann stieg er in das kühle Nass, watete die wenigen Schritte bis in die Mitte und wusch sich das Gesicht. Reglos stand der Junge da und sah an sich hinab. Das war sein Ritual. Für diese Begrüßungszeremonie war er hierhergekommen. Er fühlte das Wasser an sich vorbeifließen und stellte sich vor, dass dieser Fluss die unendlichen Tage des vor ihm liegenden Sommers mit sich brachte. Sie trieben an ihm vorbei. Zu schnell, um sie zu zählen. Bei diesem Anblick fühlte sich der Junge wie berauscht. Dieses Schauspiel aus vorbeifließenden Tagen war noch schöner als jeder einzelne Sommertag. Der Fluss hörte nicht auf zu fließen.

Die Frau bemerkte der Junge erst nach einer Weile, als er sich bereits mit dem Lauf des Flusses verbunden hatte. Er war sich nicht sicher, aber ihr Gesichtsausdruck schien zu verraten, dass sie schon länger dort stand. Sie hatte ihn wohl von dem kleinen Hügel am

Ufer aus beobachtet. Als sie sah, dass er sie entdeckt hatte, lächelte sie. »Ich bin Rea«, sagte sie freundlich. Es klang mehr wie der Grund für ihre Anwesenheit als nach einem Namen. Zumindest empfand es der Junge so.

Fragend schaute er die Alte an. Sie betrachtete ihn ruhig, in ihrem Blick lag etwas Sanftes. Es verging eine Weile. Es schien, als wolle sie Stück für Stück erfassen, was sie sah. Dann sagte sie plötzlich: »Wir müssen manchmal die Dinge erst hinter uns lassen, damit wir das, was vor uns liegt, wirklich erleben können.«

Der Junge wandte sich um und sah dem Wasser nach, das vorbeigeströmt war. Dann richtete er den Blick wieder nach vorn. »Ich stehe jedes Jahr am ersten Frühlingsmorgen hier«, sagte er verwundert. Seine Kinderseele verstand nicht recht, was die Frau ihm sagen wollte. Dann sprach er aus, was er bis dahin für seine Wahrheit hielt. »Alles ist immer gleich.« Und sein Herz freute sich, als es die Unveränderlichkeit spürte, die in diesen Worten lag.

Die Alte schaute ihn lange an. Der Junge konnte nicht sagen, ob er Traurigkeit, Freude oder von allem etwas in ihren Augen sah. Oder war da ein Ausdruck des Zögerns, der über ihr Gesicht glitt? Hatte sie Bedenken, ihm das zu sagen, was an universeller Erkenntnis in ihr war? Wollte sie es doch dem Leben selbst überlassen, ihn aus der Unbeschwertheit seiner Kindheit zu reißen?

»Nichts ist immer gleich, denn alles fließt«, sagte sie schließlich. Es schien dem Jungen, als offenbarten sich ihm unbekannte Worte einer alten Sprache. *Panta rhei* – alles fließt. Sie hallten in seinem Kopf nach. Ihm war, als hätte er einen Zauberspruch gehört, der nach der Zeit griff.

Dann betrachtete der Junge wieder den Fluss und bemerkte eine Veränderung. Nun sah er nur noch die Vergänglichkeit, die dem Neuen weichen musste. Es war kein gewöhnlicher Fluss mehr, auf den er blickte, sondern ein Strom aus Zeit. Das Bild versetzte seinem Herzen einen Stich, sein ganzer Körper schauderte. Aber es war ein wohliger Schmerz, der sich wie eine Welle der Erkenntnis langsam in ihm ausbreitete. Der Junge spürte, dass er sich veränderte.

Als er im nächsten Frühling wieder in den Fluss stieg, gab es den Jungen, der er einst gewesen war, nicht mehr. Er war sich selbst entglitten. Fortgespült in der Strömung des Flusses, verschwunden hinter dem Horizont. So wie die Alte, die er seit jenem Morgen nicht mehr gesehen hatte. In diesem Fluss stand nun ein anderer. Es war ein Junge, der die Tage des Sommers nie wieder so unbedarft an sich vorbeirauschen sah wie in den Jahren zuvor. Er versuchte, sie mit aller Kraft festzuhalten. Denn diese Tage waren zu etwas Kostbarem geworden. Er liebte ihre Einzigartigkeit und wünschte sich fortan aus tiefstem Herzen, er könne die Zeit einfangen.

# Kapitel 1

Es stürmte. Das Meer war in Bewegung. Der Wind peitschte über die See und ließ die Wellen an den Klippen zerschellen. Gischt spritzte auf und zerstob. Die Natur entfesselte ihre gewaltige Kraft. Ben konnte sie regelrecht spüren. Er stand ganz oben an der Steilküste und blickte hinab auf die tosende See. So aufgewühlt wie das Meer war auch er. Die Emotionen tobten in ihm. Ein Schauer erfasste seine Arme und Beine und breitete sich bis in die verborgensten Winkel seines Körpers aus. Ben verstand nicht, woher dieses Gefühl kam. Von Weitem hörte er ein Rufen. Die See schrie nach ihm. Fast konnte er fühlen, wie das Wasser sich nach ihm ausstreckte. Die Wellen öffneten ihr gewaltiges Maul. Bald würden sie ihn verschlingen. Das Meer nahm sich alles.

»Bist du eigentlich jemals von dieser Insel heruntergekommen?« Eine Stimme riss Ben aus seinen Gedanken. Er brauchte sich nicht umzudrehen, um zu wissen, von wem sie kam. Auch wenn er sie seit Jahren nicht mehr gehört hatte. Die Person, die sich seit ihrer

Rückkehr bis zu diesem Moment in Schweigen gehüllt hatte, stand nun direkt hinter ihm. Den Blick noch immer aufs Meer gerichtet, antwortete Ben: »Ist es da draußen nicht auch nur wie auf einer Insel?« Der junge Mann, der hinter ihm aufgetaucht war, musste bei dieser Antwort lächeln. »Lass es uns herausfinden«, gab er zurück. Auch Ben lächelte. Als er sich endlich umdrehte, sah er seinem Bruder fest in die Augen: »Hast du es denn nicht schon längst herausgefunden?«
Schweigend gingen sie den schmalen Weg zum Strand hinunter. Der Wind drang zu ihnen nicht durch, und das tosende Meer verstummte zwischen den Hügeln, durch die sie liefen. Hier gab es keine See, die nach ihm rief. Das Wasser reichte nicht bis an diesen Ort. Er war auf festem Grund. Ben fühlte sich wieder sicher.

Sein ganzes Leben hatte er auf dieser Insel verbracht. *Die Felsenfestung*, wie sein Bruder diesen Flecken Erde gerne nannte, war Bens Heimat. Er hatte sie nie verlassen. Genau genommen hatte er keinen Grund gesehen, von hier wegzugehen. Ganz anders als sein Bruder. Früh hatte diesen die Abenteuerlust gepackt. Kaum war er volljährig gewesen, hatte es ihn in die Welt hinausgezogen. Ben hatte das nie verstanden. An Mitkommen war für ihn nicht zu denken, und so hatten sich ihre Wege früh getrennt. Die Jahre waren vergangen. Nur zwei Mal war sein Bruder in dieser Zeit zurückgekehrt. Beide Male hatte der Tod ihn gerufen. Erst der Abschied vom Vater, dann von der Mutter.

Sein rascher Aufbruch danach wirkte auf Ben jedes Mal wie eine Flucht. Als könne sein Bruder den Stillstand, den Ben hier geschaffen hatte, nicht lange ertragen. Als hätten die Jahre des Umherziehens seinen Bruder so sehr geprägt, dass er nun an diese Unstetigkeit gebunden war.

Ben blieb in dem Haus seiner Eltern, das er fortan alleine bewohnte. Nach ihrem Tod hatte er sein Leben mehr und mehr gegen Veränderung zu schützen gewusst. Er war gut darin gewesen, Routinen zu etablieren. Feste Abläufe halfen ihm bei dem Bewahren seines immer gleichen Daseins. So redete Ben sich lange Zeit ein, ein Leben zu führen, das frei war von jeglichem Wandel. Und er konnte wahrlich nicht erkennen, was daran schlecht sein sollte. Er hätte vermutlich sein ganzes Leben so verbracht. Am Ende hätte er vielleicht nicht gewusst, warum er es überhaupt geführt hatte. Aber mit dieser Ungewissheit hätte er getrost sterben können. Dann aber kehrte sein Bruder zurück.

»Es ist doch niemand gestorben.« Als sie durch die Dünen liefen, dachte Ben an diese Worte zurück, mit denen er seinen Bruder empfangen hatte, als dieser nach Jahren plötzlich wieder vor der Tür stand. Sein Bruder hatte ihn nur angesehen und nichts gesagt. Sein Schweigen brach er erst, als er Ben bis an den Hang der Steilküste gefolgt war und unter ihnen das Meer tobte. *Bist du eigentlich jemals von dieser Insel heruntergekommen?*

Den ersten Moment ihres Wiedersehens hatte Ben als sehr seltsam empfunden. Er hatte das Bild ganz deutlich vor Augen: wie sein Bruder einfach so dastand und schwieg. Wie kein Wort über seine Lippen kam. Das Schweigen seines Bruders schien aus der Vergangenheit zu kommen und eine alte Wahrheit in sich zu tragen. Als hätte der Strom der Zeit seinen Bruder bis zu dieser Insel getragen und ihn hier an Land gespült, um Ben an etwas zu erinnern. Aber so wie er bisher die meisten Dinge, die seinem Leben eine neue Richtung hätten geben können, zu ignorieren gewusst hatte, so wehrte er sich auch erfolgreich gegen diesen Gedanken.

Je näher sie dem Strand kamen, desto mehr ließ der Schutz der Dünen nach, der Wind nahm wieder etwas zu. Es stürmte nicht so bedrohlich wie oben auf der Klippe, aber doch wirkte das Meer wie eine unausgesprochene Warnung. Sie gingen an dem alten Fischer vorbei, der in seinem Boot saß und schon lange nichts mehr gefangen hatte. Vor ihnen lag der weiße Sand und kämpfte mit dem Meer.

»Weißt du noch, wie wir früher als Kinder immer hierhergekommen sind?«, brach sein Bruder erneut das Schweigen und hielt inne. Ben sah, wie die Wellen auf den Strand spülten und mitnahmen, was das Land nicht zu halten vermochte. »Ja, das weiß ich noch.«

Ben erinnerte sich. Stunden hatten sie hier zugebracht und neue Welten entstehen lassen. Türme,

Mauern, Häuser, in seiner Erinnerung waren es ganze Städte aus Sand, die sie hier geschaffen hatten. Schon damals war Ben es, der versuchte, alles gegen die Fluten zu schützen. Wieder und wieder kämpfte er den verzweifelten Kampf gegen die Gezeiten, wenn sich das Meer Stück für Stück ihren Bauten näherte. *Das Meer nahm sich alles.* Wieder durchzuckte ein Schauer seinen Körper. Dann schaute er zu seinem Bruder hinüber. Für jenen war das damals immer der große Moment. Wenn das Wasser bei ihren Träumen aus Sand ankam. Wenn die Wellen die Bauwerke umspülten und das Meer nichts hinterließ außer dem flachen Sand, aus dem sie alles erschaffen hatten. Wenn am Ende alles verschwunden war.

Ben sah wieder zu seinem Bruder. »Warum bist du zurückgekehrt?« Doch auch dieses Mal antwortete sein Bruder nur mit einem langen Schweigen. Es war ein machtvolles Schweigen, das sich über den gesamten Strand legte. In Bens Gedanken ließ es die Mauern und Türme aus Sand einstürzen, erfasste das alte Fischerboot, kletterte die Steilküste hoch, glitt über die Wiesen bis zu seinem Haus und fand schließlich auch den Weg in Bens Herz. Als er in die Augen seines Bruders blickte, sah er nur noch das ewige Meer. Es drohte ihm alles zu nehmen, was er bislang so sorgsam bewahrt hatte.

## Kapitel 2

Tief im Himalaya, verborgen an einem steilen Felshang, liegt ein altes Kloster, das das Wort Frieden im Namen führt. Nebelwolken verhüllen den prachtvollen Bau, und der Legende nach kann es nur erreichen, wer mit reinem Herzen zu ihm vordringt.

Arjuna war in Eile. Der Mönch, der sich erst vor wenigen Jahren in die Obhut des Klosterordens begeben hatte, ging eiligen Schrittes zur großen Halle, um *sie* zu treffen. Eigentlich sollte er durch ihre Unterweisungen längst von jeder Art der Aufregung befreit sein. Aber die Nachricht, die er für seine Meisterin mit sich führte, ließ sein Herz schneller schlagen. Er durfte keine Zeit verlieren. Würde sie die Botschaft ebenfalls in Unruhe versetzen?

Zu seinem Erstaunen schien die Priesterin bereits auf ihn zu warten. »Was hat dich aufgehalten?«, hörte er ihre freundlichen Worte in dem riesigen Saal widerhallen. Arjuna meinte gar ein Lächeln auf ihrem Gesicht zu erkennen, als er den langen Gang entlang ehrfürchtig auf sie zuschritt. Wie immer schien sie bereits

alles zu wissen, bevor es geschah. Doch das war natürlich eine Täuschung. Es war ihre Gelassenheit, die diesen Eindruck hervorrief. Ihr Gleichmut erzeugte bei jenen, die sie nicht gut genug kannten, den Anschein, ihr sei jede Nachricht vertraut. Tatsächlich aber befand sich ihr Geist in einer tiefen, andauernden Ruhe, die sie die Dinge, die das Leben an sie herantrug, einfach annehmen ließ. Sie erschienen ihr wie Wolken, die am Himmel vorbeizogen, ohne mit ihr in Berührung zu kommen. Arjuna bewunderte sie für diese beständige Ausgeglichenheit, die für sie so mühelos schien. Auch ihm war es in letzter Zeit immer häufiger gelungen, sich auf sein inneres Gleichgewicht zu konzentrieren. Allerdings musste er zugeben, dass das Erreichen dieses Zustandes für ihn nicht frei von Anstrengung war. Bisweilen begann er sich zu fragen, ob die Mühe, die er jedes Mal bei seiner Meditation aufwenden musste, nicht bereits ein Zeichen für den Irrweg war, auf dem er sich befand. Ständige Zweifel zerfraßen seine Konzentration. Würde er jemals innere Erleuchtung erlangen?

»Das wichtigste Ziel, nach dem du für deinen Seelenfrieden streben musst, ist es, ihn nicht zu wollen.« Solcherlei Sätze waren es, die er von seiner Meisterin hörte, wenn seine Zweifel zu groß wurden. An Tagen, an denen sie besonders streng war, fügte sie meist noch hinzu: »In diesem Nichtwollen musst du deine ganze Kraft legen.« Arjuna fragte sich bisweilen, ob diese widersprüchliche Anweisung bereits die eigentliche Prüfung war, die es zu bestehen galt. Doch er hatte den Gedanken immer rasch wieder verworfen und sich weiterhin in der Meditation geübt.

»*Er* ist auf dem Weg hierher«, platzte es aus ihm heraus, als er schließlich vor ihr stand. Die Priesterin hob eine Augenbraue. Hatte seine Nachricht doch eine Regung bei ihr hervorgerufen? »Natürlich ist er auf dem Weg hierher«, sagte sie knapp, und Arjunas kurze Freude über die Veränderung in ihrer Mimik fiel unmittelbar in sich zusammen. »Die Frage, die sich dabei stellt, ist: Wird er auch hier ankommen?«

»Aber das hat er doch schon so oft geschafft. Warum sollte es ihm diesmal nicht gelingen?«, wunderte sich Arjuna. Die Frage löste nur ein weiteres Lächeln bei ihr aus. Mit geradezu heiterer Gelassenheit sah sie ihn an, ehe sie antwortete: »Das ist richtig. Aber dieses Mal kommt er nicht allein.«

Arjuna war verblüfft. Wie konnte sie das wissen? Er hatte sich diesen Teil der Nachricht für den Fall aufsparen wollen, dass sie die Rückkehr des jungen Mannes, den sie beide nur zu gut kannten, nicht wirklich bewegen würde. Verfügte sie möglicherweise über so etwas wie den siebten Sinn? Oder war sie aufgrund ihrer inneren Ruhe und Ausgeglichenheit einfach nur konzentrierter? Hatte sie schlicht bemerkt, dass es nicht die Nachricht der Rückkehr des jungen Mannes allein sein konnte, die Arjuna so aufgebracht hatte zu ihr eilen lassen? War ihr vielleicht schon bei seiner letzten Abreise klar gewesen, dass er das nächste Mal, wenn er den Versuch unternehmen würde, hierher zurückzukehren, jemanden mitbringen würde? Hatte er es ihr vielleicht sogar angekündigt? Arjuna war ratlos. Er durchschaute das Wesen ihrer Weisheit nicht und folgerte für sich, dass er noch viel zu lernen hatte.

»Ich sehe seiner Ankunft freudig entgegen«, sagte

die Priesterin vollkommen gelassen und fügte hinzu: »Hoffen wir, dass er den weiten Weg bis hierher zurückzulegen vermag.« Arjuna war erstaunt. Er hatte seine Meisterin wieder einmal unterschätzt. Oder wusste sie nicht, wen der junge Mann gedachte hierher an diesen heiligen Ort zu führen? Die darin liegende Gefahr musste sie doch erkennen. Wieder wurde Arjuna eines Besseren belehrt. Denn er hörte sie noch sagen: »Sein Bruder soll so ganz anders sein als er selbst.«

## Kapitel 3

Die Insel war in einem längst vergangenen Jahrhundert von Seefahrern entdeckt worden. Jedenfalls erzählten sich das die Alten im Dorf. Sie lag fernab aller vertrauten Gewässer und ihre unsteten Wetterlagen hatten eine dichte Besiedlung stets erschwert. Gerade eine Handvoll Menschen lebte hier sehr zurückgezogen. In den letzten Jahren waren es immer weniger geworden. Ben war einer von denen, die geblieben waren. Schon zum Zeitpunkt seiner Geburt begann sich abzuzeichnen, dass dieser Ort ihm nicht sein ganzes Leben lang eine Heimat bieten würde. Die Insel zerfiel. Stürme nahmen immer mehr von ihr und trugen sie ins Meer. Eigentlich war es schon immer so gewesen. Nur hatte es anfangs niemand bemerkt. Erst in den zurückliegenden Jahrzehnten hatte der Schaden eine kritische Größe angenommen und zwang die verbliebenen Bewohner, sich dem Zerfall der Insel zu stellen. Nur einer hatte sich bislang der Einsicht verwehrt, dass auch er bald etwas unternehmen musste.

»Nicht mehr lange, und alles hier wird verschwunden sein.« Bens Bruder betrachtete die Risse in der Wand des weiß getünchten Reetdachhauses. Sie waren vom Strand direkt zurück zu ihrem Elternhaus gegangen. Nun saßen sie an dem großen Tisch in der Küche und aßen zu Abend. Noch unten am Meer hatte Ben endlich ausgesprochen, warum sein Bruder zurückgekehrt war. *Damit diesmal niemand stirbt.* Sein Bruder hatte nur stumm dazu genickt. Es war nicht einfach für ihn gewesen, Ben zu dem Eingeständnis zu bewegen, dass seine Heimat unterging. Die Macht des Schweigens hatte es schließlich vermocht. Auf seinen langen Reisen hatte Bens Bruder gelernt, diese Kraft der Stille zu beherrschen. Ben gegenüber war sie sein einzig wirksames Mittel. Andernfalls hätte er den Zerfall der Insel bis zu ihrem Untergang geleugnet.

Ben war im Laufe der Jahre ein Meister darin geworden, Veränderungen einfach auszublenden. Diese Eigenschaft half ihm dabei, das Leben zu bewahren. Selbst wenn sich die Realität schon lange geändert hatte, in Bens Kopf existierte noch das Vergangene. Sein Bruder kannte diese Eigenschaft von ihm nur zu gut. Er erinnerte sich, wie Ben einmal als Kind behauptet hatte, er könne allein durch die Macht seiner Gedanken allen, die er liebte, ein endlos langes Leben bescheren. *Mit der Kraft der Liebe ließe sich die Zeit anhalten.* Davon war Ben überzeugt. Sein Bruder hatte daraufhin Bens Lieblingsholzspielzeug genommen und vor seinen Augen in den Kamin geworfen. Ben schrie und tobte. Gegen Feuer sei sein Zauber machtlos, hatte er unter Tränen gebrüllt. Aber erst, als er eingestanden hatte, dass auch die Liebe gegen den Wandel der Zeit nichts auszurichten vermochte, ließ sein Bruder ihn das angesengte Spielzeug aus dem Feuer holen. *Nichts bleibt.* Das hatte sein Bruder ihm damals eingeschärft. Wenn Ben wieder einmal so tat, als könne er das Leben für immer bewahren, brauchte sein Bruder nur auf das angebrannte Holztier zu schauen. Wie eine Mahnung hatte er es über dem Kamin platziert.

»Nichts bleibt«, sagte Ben plötzlich, als wäre er in Gedanken seinem Bruder ganz nah gewesen. Während diese Worte im Kopf seines Bruders nachhallten, betrachtete er die Risse in den Wänden. Jeder einzelne erinnerte ihn an etwas, das sich hier über die Jahre zugetragen hatte. Er folgte den Brüchen im Gestein von der Küche in den Wohnraum, zu dem Kerzenkronleuchter an der Decke, den sein Vater von ihrem Großvater geerbt und fluchend dort oben angebracht hatte. Ins Kaminzimmer, wo seine Mutter oft vor dem Feuer gesessen und gestrickt hatte, und zu dem Bücherregal, in dem Ben seit jeher alles wohl sortiert hielt und einmal den Verlust eines Bandes sofort bemerkt und beklagt hatte.

»Aber ich werde bleiben.« Ben klang eher müde als kraftvoll. Er konnte die Wahrheit nicht länger verleugnen. *Das Meer nahm sich alles.* Diese Einsicht breitete sich nun mehr und mehr in ihm aus. Sie rief Erinnerungen wach, die Ben bislang sorgsam vor sich selbst verborgen hatte. Sie führten ihn weit zurück in seine Kindheit. Wie hatte er das alles nur so viele Jahre verdrängen können? Die Tatsache, dass die Insel dem Untergang geweiht war, war so ziemlich die erste Erkenntnis, an die Ben zurückdenken konnte. Er sah den Moment vor sich, wie er als Kind davon erfahren hatte. Sein Bruder und er waren gerade vom Strand zurückgekommen. Es war einer der schönsten Sommertage des Jahres gewesen. In wohliger Erschöpfung saß Ben mit seinem Bruder beim Abendessen und erzählte seinen Eltern ausgelassen, was sie an diesem Tag alles erlebt hatten. Welche Burgen sie gebaut hatten. Dass es ihm beinahe gelungen wäre, die Flut zu bezwingen. Er berichtete von ihrem Spiel im Wasser und davon, welche Schätze am Strand zu finden waren. Er sprach von Krebsen, die sich im Sand vergruben, weil sie das Ende der Insel im Boden finden wollten, und davon, wie sehr er das alles liebte.

Als er in seinem Überschwang sagte, er würde für immer an diesem Ort bleiben, tauschten seine Eltern sorgenvolle Blicke aus. Ben bemerkte es und hielt inne. Sein Bruder war es, der die Stille brach und sagte: »So lange lebt die Insel aber nicht mehr.« Ben war kurz verunsichert und wurde dann wütend. Er war sich sicher, dass sein Bruder die Unwahrheit sprach. Doch dann sah er erneut die Blicke seiner Eltern. Von diesem Tag an versuchte Ben, nicht nur die Bauten im Sand vor dem Wasser zu retten, sondern auch alles andere, was ihm in seiner Heimat lieb und teuer war. Aber tief im Inneren wusste er, dass seine Kraft gegen die See machtlos sein würde. *Das Meer nahm sich alles.*

»Es gibt einen Ort, gegen den das Meer nichts ausrichten kann«, sagte sein Bruder unvermittelt. Ben schaute ihn fragend an. Verstand sein Bruder noch immer nicht, worum es ging? »Ich habe geschworen, alles zu bewahren, was unsere Familie auf dieser Insel aufgebaut hat. Unsere Eltern und ihre Eltern und die davor. Schon vor langer Zeit kamen unsere Vorväter hierher und haben den Grundstein für all das gelegt. Unsere Familie hätte gewollt, dass wir hierbleiben«, sagte er matt. Es war ein kraftloser Appell.

Sein Bruder hatte sich alles schweigend angehört. Still saß er am Tisch. Dann erhob er sich und ging hinüber zu der Wand mit den Bildern. *Eine Ahnengalerie*, kam es ihm in den Sinn. Er hatte sich nie viel aus dieser Ansammlung seiner Vorfahren gemacht. Doch nun suchte er etwas. Bild für Bild sah er sich an, bis er schließlich vor einem der Porträts innehielt. Es war eines der ältesten Bilder an der Wand. Er beugte sich vor, um die vergilbte Fotografie besser betrachten zu können.

Ben beobachtete ihn dabei. Keines der Bilder kannte er wirklich. Er hatte die Familienporträts zwar all die Jahre erhalten, aber interessiert hatte er sich nie für sie. Ihm kam der Gedanke, dass sein Wunsch nach Bewahren um ein Vielfaches größer war als sein Interesse an dem, das er bewahrte. Vielleicht ist das ja die Voraussetzung für das Erhalten der Dinge, dachte er. *Wenn wir die Dinge nicht hinterfragen, können wir uns ganz auf das Bestehende konzentrieren. Dann sind wir nicht abgelenkt vom Leben und den Veränderungen, die es mit sich bringt.*

Diese Gedanken waren für Ben völlig neu. Fast erschrak er darüber, so wie ihn stets alles Neue ein wenig zusammenzucken ließ. Er sah unwillkürlich seinen Bruder an. Noch immer stand er vor dem alten Bild an der Wand. Aufmerksam musterte er die Person auf der Fotografie. »Schon unser Urgroßvater«, sagte er plötzlich, »hat gewusst, dass die Insel untergehen wird. Auch er hat versucht, alles zu bewahren. Aber sein Weg war ein anderer. Er war ein Abenteurer, und eines Tages hörte er von dem Ort, von dem ich gerade sprach. Er verbrachte sein Leben damit, nach ihm zu suchen.« Ben stutzte. Aber ehe er noch eine Frage stellen konnte, ergänzte sein Bruder: »Sein Name war Maximilian Benjamin.« Er sah, wie Ben versuchte, sich bei diesem Namen nichts anmerken zu lassen, und fuhr fort: »Er hat Jahre mit dieser Suche verbracht und bereiste fast die gesamte damals bekannte Welt. Wenn du also etwas erhalten willst, dann solltest du vielleicht eher auf seinen Spuren wandeln, anstatt dein Herz an diesen zerbröselnden Felsen zu hängen.«

Ben wusste nicht, ob er wütend oder traurig sein sollte. Doch dann besann er sich. Vermutlich war es für seinen Bruder nicht leicht gewesen, seine Welt der Abenteuer zu verlassen und zu ihm auf die Insel zurückzukehren. Er hatte es sicherlich zu seinem Besten getan. *Damit diesmal niemand stirbt.* Aber hatte sein Bruder nach all den Jahren, in denen er fort gewesen war, überhaupt ein Recht dazu? Woher wollte er wissen, was richtig für Ben war? Er verstand doch gar nicht, wie viel es ihm bedeutete, die Dinge zu erhalten in einer Welt, in der das Fundament immer mehr verloren ging. Vielleicht rückte das Ende der Insel auch nur deshalb näher, weil außer ihm keiner mehr an ihren Fortbestand glauben wollte. Würden sich mehr Menschen auf dieser Insel wie Ben verhalten, vielleicht wäre sie dann noch zu retten.

»Niemand wird mich dazu bringen, von hier fortzugehen, nicht einmal mein Urgroßvater«, sagte Ben nachdrücklich. Sein Bruder lächelte. Er sah wieder zu dem Bild. »Das ist sehr bedauerlich. Denn es gibt wohl keinen besseren Ort für dich als den, nach dem unser Urgroßvater zeit seines Lebens gesucht hat.« Ben hörte kaum noch zu. Er war schon dabei, den Tisch abzuräumen, da fügte sein Bruder hinzu: »Es ist ein besonderer Ort, und ich sage dir, unser Ahne hatte einen guten Grund für diese Suche.« Ben warf seinem Bruder einen fragenden Blick zu. Er schien Mühe zu haben, die richtigen Worte zu finden. »Wie soll ich es sagen? Es ist ein Ort, an dem die Zeit stillsteht.«

# Kapitel 4

*Ein Ort, an dem die Zeit stillsteht.* Ben hielt das für Unsinn. »Es ist bestimmt nur eine Metapher unseres Urgroßvaters«, versuchte er, die Geschichte vom Ort ohne Zeit abzutun. »Mag sein«, räumte sein Bruder ein, »mag aber auch nicht sein.« Noch immer schaute er auf das alte Familienbild. Nach einer kurzen Pause sagte er mit einem sanften Lächeln: »Es ist wie mit allem im Leben: Man kann sich nicht sicher sein, ehe man nicht selbst versucht, es herauszufinden.«

Ben überlegte. Seine Erfahrung lehrte ihn, die Worte seines Bruders ernst zu nehmen. Zudem musste er gestehen, dass ein Ort ohne Zeit sich nach etwas anhörte, das seinem natürlichen Drang nach Stetigkeit durchaus entsprach.

»Wie bist du auf diesen Ort gekommen?«, fragte Ben. »Du bist doch der Letzte, der nach so etwas wie Zeitlosigkeit suchen würde.« In seinem Blick lag etwas Vorwurfsvolles. Genauso hatte er ihn angeschaut, als sein Bruder nach den Beerdigungen ihrer Eltern schnell das Weite gesucht hatte.

»Mutter hat mir mal davon erzählt.« Es versetzte Ben einen kleinen Stich ins Herz. Das konnte er kaum glauben. Er wiederholte daher den Satz, den er meinte gehört zu haben: »Mutter hat dir davon erzählt?« Bens Bruder nickte. Er hatte nicht beabsichtigt, Ben zu verletzen, daher schob er schnell eine Erklärung nach: »Sie hat mir davon erzählt, als ich noch ein Kind war. Zunächst hat sie es wie eine Abenteuergeschichte klingen lassen. Es ging mehr um die Suche, weniger um den Ort selbst. Sie wusste, dass ich solche Erzählungen liebte.«

Ben stutzte. »Warum hat sie mir nie davon erzählt?« Fragend schaute Ben seinen Bruder an. Dieser zog bloß die Augenbrauen hoch und guckte ihn beinahe kopfschüttelnd an: »Sie hat doch gewusst, dass dich solche Dinge nicht interessiert haben. Meistens machte dir alles, was außerhalb dieser Insel lag, eher Angst.« Ben erinnerte sich, dass er lieber mit seinem Vater zu der alten Eiche hinter dem Haus gegangen war, wenn seine Mutter dabei war, seinem Bruder Abenteuermärchen zu erzählen. Die Eiche stand dort schon ewig, und sein Vater hatte dann immer davon gesprochen, wie er als kleiner Junge bis hoch in den Wipfel geklettert war. Von dort oben konnte man die gesamte Insel überblicken. Ben hatte es später selbst versucht, aber der Baum war schon zu alt gewesen, als dass die oberen Äste ihn noch hätten tragen können.

»Es ist also ein Märchen«, wandte Ben ein. Sein Bruder nickte. So wurde Ben klar, warum sie als Kinder nie darüber gesprochen hatten. Allerdings fügte sein Bruder an: »Das habe ich jedenfalls viele Jahre gedacht. Aber als ich größer wurde, merkte Mutter, dass ich hinaus wollte in die Welt. Ich glaube, sie hat den Abenteurer in mir gesehen, der unser Urahne einmal gewesen sein muss.«

Ben schaute seinen Bruder prüfend an. Er wusste, dass gleich noch etwas kommen würde. »In dem Jahr, als ich volljährig wurde, kam sie dann wieder darauf zu sprechen.« Ben hörte aufmerksam zu. »Sie hat mir das Buch zu der Geschichte gegeben.« Ben schaute reflexartig zu der großen Bücherwand, in der immer noch ein Band fehlte. »Du hast die Geschichte geglaubt, weil sie in einem Märchenbuch stand?« Sein Bruder schüttelte den Kopf. »Es war kein Märchenbuch. Es war das Tagebuch unseres Urgroßvaters.«

Ben war fassungslos. Wie konnte seine Mutter ihm nur all das vorenthalten haben? Als ob sein Bruder den Gedanken erahnte, sprach er weiter: »Mutter wusste, du würdest diese Insel nicht verlassen. Ich habe damals ein, zwei Andeutungen gemacht. Aber du warst so sehr auf unser Zuhause fixiert, dass du davon sicher nicht einmal etwas mitbekommen hast.« Ben musste zugeben, dass er für die damaligen Pläne seines Bruders weder Verständnis noch großes Interesse gezeigt hatte. Er mochte also auch selbst ein wenig Schuld haben, dass ihm die ganze Sache bislang völlig entgangen war. »Außerdem wollte ich dich nicht mit etwas behelligen, das aller Wahrscheinlichkeit nach ja ohnehin nur eine Fantasterei eines längst verstorbenen Vorfahren war.«

Für Ben drängte sich die Frage auf, warum sein Bruder ausgerechnet jetzt auf diese Geschichte zu sprechen kam. Es konnte nicht an dem Zustand der Insel liegen. Dass sie untergehen würde, war ja seit jeher allen bekannt. Es musste einen anderen Grund geben. Ihre Blicke trafen sich. Noch ehe Ben seine Frage aussprechen konnte, legte sein Bruder den Kopf zur Seite, wie er es immer tat, wenn er endlich zur Pointe einer Erzählung kam. »Ach ja«, sagte er, »hatte ich das noch nicht erwähnt? Ich war inzwischen dort.«

# Kapitel 5

»Fürchtet Ihr nicht, was geschehen könnte, wenn er mit ihm hierhergelangt?«, fragte Arjuna zögerlich. Die Priesterin schaute ruhig in die Ferne. »Was sollte das ändern?«, entgegnete sie. Arjuna dachte einen Moment nach, ehe er etwas sagte. Gewöhnlich war sich seine Herrin aller Konsequenzen bewusst, die die Dinge mit sich brachten. Sie war eine Meisterin darin, die Karmafäden des Schicksals zu betrachten, ohne sich selbst darin zu verstricken. Dabei hatte Arjuna stets dasselbe Bild vor Augen: Er sah sie in diesen Momenten inmitten eines Flusses stehen. Ein Strom aus Zeit floss ihr entgegen und sie sah, wie die Ereignisse des Lebens von weit her angespült kamen, an ihr vorbeizogen und schließlich in der Ferne wieder entschwanden.

»Er bringt die Unveränderlichkeit hierher«, sagte Arjuna mit Nachdruck und sah seine Herrin lange an. Da eine Reaktion ausblieb, fügte er an: »Ihr wisst, was das bedeutet?« Die Priesterin lächelte nur, und Arjuna hatte wieder das Gefühl, dass er noch lange brauchen würde, um die Weisheit zu erreichen, von der sie schon vor langer Zeit gekostet haben musste. »Sag es mir, mein lieber Arjuna«, forderte sie ihn immer noch lächelnd auf.

Arjuna war sich nicht sicher, warum sie es noch einmal aus seinem Munde hören wollte. Es gab keinen Zweifel, dass sie die Gefahr kannte, die davon ausging, wenn jemand, dem ein solches Maß an Beständigkeit nachgesagt wurde, an diesen Ort kam. So war es wohl wieder eine Art Prüfung, die sie ihm auferlegte. Vielleicht wollte sie sichergehen, dass auch er das volle Ausmaß verstanden hatte, das die Ankunft dieses Bewahrers allen Seins mit sich bringen würde.

»Wenn er von hier ganz nach oben auf das Plateau zwischen den Bergen gelangt«, setzte Arjuna an und beobachtete dabei genau den Blick seiner Herrin. »Ja, sprich weiter«, ermutigte sie ihn. »Wenn er dann von dort oben seinen Blick in die Ewigkeit richtet, die nur dieser Ort auf Erden einem bietet«, brachte er zögernd hervor. Dann hielt Arjuna inne. Er wagte es kaum weiterzusprechen. Denn er hatte gelernt, dass Gedanken, wenn sie erst einmal in Worte gefasst wurden, schwer wieder einzufangen waren. Zudem war er sich nicht sicher, ob schon jemals ein Mensch ausgesprochen hatte, was er nun sagen würde. Die erwartungsvollen Blicke der Priesterin vor Augen, fasste er sich jedoch ein Herz und beendete seine Ausführungen. »Mit seinem Bestreben, alles erhalten zu wollen, wie es ist, würde er bei einem Blick von dort oben zwischen den Bergen die Ewigkeit erreichen. Wenn das passiert, brächte sein Wille, alles zu bewahren, sie an diesen Ort. Die gesamte Welt würde zu einem Stillstand kommen.«

Arjuna verspürte am Ende seiner Ausführungen eine ihm unbekannte Erschöpfung. Es war ihm sichtlich schwergefallen, das auszusprechen, was bislang nur ein Mythos war. Es war eine alte Überlieferung, die man sich erzählte. Eine Prophezeiung vom Ende der Zeit, wenn der Wille der Menschen zur Beharrlichkeit stärker würde als ihr Drang nach Entdeckung.

»Daran glaubst du?«, fragte ihn die Hohepriesterin. Arjuna war sich nicht sicher, ob sie den Mythos selbst meinte oder die Gefahr, die er in dem Jungen sah. Er wagte es nicht zu antworten. Schließlich hatte ihn seine Herrin stets gelehrt, dass alle Geschichten wahr sein konnten und zugleich nur symbolisch zu verstehen seien. Wo immer er einen Widerspruch sah, sah seine Meisterin die ganze Wahrheit.

»Woran auch immer ich glaube, die Überlieferungen sagen, dass es nichts Gutes bringt«, wandte Arjuna ein in der Hoffnung, bei ihr Gehör zu finden. Aber sie sagte ungerührt: »Das Leben bringt immer etwas. Mal ist es gut, mal ist es nicht gut. Es ist nicht unsere Aufgabe, das zu beeinflussen.«

Arjuna war diese Lehre wohl bekannt. Allerdings schien ihm dieser Fall hier anders gelagert. Denn was nützte diese Einstellung, wenn sie am Ende nicht wenigstens versuchte, Schaden zu verhindern? Dennoch beschloss Arjuna zu schweigen. Er würde selbst etwas unternehmen müssen. Die Priesterin beobachtete ihn aufmerksam. Sie wusste, dass sie ihn von dem Entschluss, der gerade in ihm reifte, nicht würde abbringen können. Sie überlegte einen Moment und wandte sich dann wieder an ihren treuen Schüler: »Wenn es also dein Wunsch ist zu gehen, um ihm entgegenzutreten, so hast du meine Erlaubnis.«

Arjuna war erschrocken und berührt zugleich. Was für eine Duldsamkeit aus ihren Worten sprach, auch das zu ertragen, was sie nicht für richtig hielt. Fast hätte ihn diese Haltung umgestimmt, da besann er sich wieder auf die Gefahr, in der doch alles zu schweben schien. So dankte er seiner Priesterin für ihre Zustimmung. Er war schon fast zur großen Halle hinaus, da hörte er sie noch sagen: »Aber bedenke, dass dein Weg dich ins Weltliche führt. Der Wandel wird auch dich ergreifen. All das Gelernte wird geschwächt. Wenn du nicht achtgibst, wird an deinem Ziel kaum noch etwas von der Absicht übrig sein, die dich einst auf den Weg brachte.« Arjuna hörte ihre Worte mit Bedacht. Seine Hand tastete unbewusst nach dem kleinen Gegenstand, der sich in seiner Tasche befand. Da wusste er wieder, dass er etwas bei sich führte, das ihn stets daran erinnerte, wer er war und was er wollte. Er warf seiner Meisterin einen letzten Blick zu.

Fest entschlossen verließ er den Saal. Er würde alles aufhalten, was den Wandel der Zeit bedrohte.

Als die Priesterin wenig später am Fenster des Klosters stand und sah, wie Arjuna aufbrach, fragte sie sich, ob sie ihn vielleicht noch mehr über die Weisheit der Absichtslosigkeit hätte lehren sollen. Dann hätte Arjuna gewusst, dass wir manchmal mit unserem Verhalten erst die eigentliche Ursache für das setzen, was wir so sehnlichst zu verhindern trachten. Aber womöglich wäre das nur ein unstatthafter Eingriff in die Geschehnisse gewesen, und sie wusste ja, dass ihr ein solcher nicht zustand. So nahm sie mit einer tiefen Gelassenheit hin, dass Arjuna aufbrach, um dem Bewahrer entgegenzutreten. *Die Dinge geschehen, wie sie geschehen.*

Doch da war, kaum spürbar, noch etwas anderes. Die Priesterin hatte es in Arjunas Gesicht gesehen, kurz bevor er ging. Es war etwas, das sie nicht recht verstand. Als wäre er ein vollkommen anderer. Als würde die Reise ins Weltliche mehr mit ihm machen, als ihn nur das Gelernte vergessen lassen. Plötzlich hatte auch sie das Ende allen Seins klar vor Augen und bei diesem Gedanken spürte sie ein Gefühl, das ihr sonst so vollkommen fremd war: Es war ein unmerkliches, kaum wahrnehmbares Unwohlsein.

## Kapitel 6

Ben hatte schließlich eingewilligt, die Insel zu verlassen. Sein Bruder hatte es kaum mehr zu hoffen gewagt. Doch die Aussicht auf einen Ort ohne Zeit schien am Ende schwerer zu wiegen als das Verbleiben an einem Platz, der schon bald der Vergangenheit angehören würde. Auch wenn er nur im übertragenen Sinne an einen solchen Ort glaubte, war Bens Neugier geweckt. Ein solches Gefühl hatte er bislang nie gekannt. Ben erschrak, als ihm das bewusst wurde, denn er fürchtete allen Wandel.

Sein Bruder hatte ihm nicht viel über den Ort erzählt. Er war ausgewichen, als Ben ihn zu seinen Erfahrungen befragen wollte. »Wie ich schon sagte, du musst es selbst herausfinden.« Stattdessen hatte er Bens Wissbegier noch zu steigern gewusst, indem er ihm versichert hatte, dass jeder diesen Ort etwas anders erlebte. So sei er selbst der Zeitlosigkeit und einem inneren Frieden ziemlich nahegekommen. Sein Abenteuerdrang hätte dort zu einer Ruhe gefunden, wie er sie bislang nicht kannte. Er habe sich oft gefragt, was es wohl erst für Ben bedeuten würde, an diesen Ort zu gelangen. Was er mit seinem unbändigen Willen, die Dinge zu bewahren, dort ausrichten könnte? Womöglich würde jener Platz diese Kräfte noch verstärken. Am Ende könnte Ben vielleicht sogar mehr einfangen als nur die Zeit an diesem Ort. Möglicherweise könnte er diese neue Kraft der ganzen Welt zuteilwerden lassen und genau das erreichen, was ihm von der Insel aus nicht gelungen war.

Ben war zunächst ungläubig den Ausführungen seines Bruders gefolgt, aber dann begriff er die unvorstellbare Chance, die sich ihm bot. Wenn jemand wie er an diesen Ort käme, könnte er von dort aus vielleicht die gesamte Welt bewahren. Bens Bruder hatte ihn lange angeschaut. Wieder setzte er die Macht des Schweigens ein, bis er es in den Augen seines Bruders sehen konnte: wie Ben im Geiste an diesen Platz gelangte. Wie er von dort aus die Ewigkeit erreichen würde, um sie in die Welt zu entsenden. In ihm entstand das Bild eines Flusses, der langsam gefror. Eis bildete sich und breitete sich aus. Es bahnte sich seinen Weg bis zur Küste und drang schließlich zur See vor. Alles gefror, bis auch das Meer stillstand. Die Insel tauchte ein in die Zeitlosigkeit. Die Felsenfestung würde bestehen bleiben. Ben hatte sie vor dem Untergang bewahrt.

Der Ort ohne Zeit mochte eine Metapher sein. Aber er schien Ben eine Kraft zu geben, die er auf der Insel nicht mehr fand. Vielleicht würde er dort eine Möglichkeit entdecken, seine Heimat zu retten. Der Ort erschien Ben als seine einzige Chance. Hier auf der Insel bot sich ihm keine Alternative. *So muss ich mich also selbst verändern und ein Abenteurer sein, um der Bewahrer zu werden, der ich immer sein wollte,* ging es ihm durch den Kopf.

Nur wenig später standen die beiden Brüder zusammen am Strand vor einem großen Boot und verluden ihre Habe. Der alte Fischer hatte angeboten, sie an Land zu bringen. Er war der Letzte auf der Insel, der noch ein Boot besaß. Als das Fischen nichts mehr einbrachte, weil kaum noch Menschen auf der Insel lebten, hatte er sich darauf verlegt, die Umsiedlungen zu übernehmen. Er setzte die Bewohner über ans Festland. Fast alle waren inzwischen gegangen. Jedenfalls alle, die gehen wollten. Manche sahen das heraufziehende Ende der Insel auch als ihr eigenes an. Sie hatten die Weisheit des Alters erlangt und mussten nirgendwo mehr hingehen, um anzukommen. Diese Menschen fühlten sich wie ein Teil der Insel selbst.

»Wo hast du das Tagebuch?«, hörte Ben seinen Bruder plötzlich fragen, während er noch dabei war, ihr Gepäck an Bord zu hieven. Ben schaute seinen Bruder an. Dann wanderte sein Blick zur Steilküste und hinauf zu ihrem Haus. »Es ist da, wo es hingehört«, lautete seine Antwort. Verwirrt schaute sein Bruder kurz in seinen Seesack und folgte dann Bens Blick zum

Haus hinauf. Sein Gesicht wurde bleich: »Du hast es doch nicht dort oben zurückgelassen?« Ben nickte. »Natürlich.«

Nach ihrer Unterhaltung hatte sein Bruder das Buch hervorgeholt und Ben kurz überlassen. Er hatte gehofft, er würde es mit Begier lesen und so seinen Worten Glauben schenken. Aber wie mit allem, was Ben bewahrte, war es auch mit diesem Buch nicht anders. Es interessierte ihn nicht, es zu lesen. Sein Bruder hatte ihm ja gesagt, er müsse den Ort selbst aufsuchen. Für Ben war allein die Ordnung aller Dinge wichtig, und er hatte den unwiderstehlichen Drang verspürt, es ins Bücherregal zu stellen.

»Warum brauchen wir es? Du warst doch schon einmal dort und musst den Weg daher kennen«, wandte Ben ein. Fassungslos schaute sein Bruder ihn an. Er schüttelte ungläubig den Kopf. Dann besann er sich. »Nur gut, dass es mir noch aufgefallen ist. Ich habe doch nicht den gesamten Weg im Kopf, den unser Urgroßvater auf Hunderten von Seiten niedergeschrieben hat. Zudem brauchen wir das Buch vor allem für das große Rätsel der Reise.« Ben schaute verwundert. »Von was für einem Rätsel sprichst du?«, wollte er noch wissen, aber sein Bruder war bereits losgerannt. *Das Rätsel, wie sich die Zeit überwinden lässt.* Ben war sich nicht sicher, ob er seinen Bruder diese Worte noch hatte sagen hören oder ob er sie nur in seinem Kopf gehört hatte. Er sah seinem Bruder nach, wie er den

Strand entlanglief. Dann verschwand er hinter den Dünen und ging auf dem Weg hinter der Steilküste hinauf zu ihrem Haus.

»Man sollte der Ewigkeit erst gegenübertreten, wenn man vorher das Rätsel gelöst hat«, hörte Ben plötzlich jemanden hinter sich sagen. Als er sich umdrehte, stand der alte Fischer vor ihm und lächelte. Ben verstand nicht recht. Der Alte entschuldigte sich zunächst dafür, dass er die letzten Sätze ihrer Unterhaltung mitangehört hatte. »Ich wollte mich nicht einmischen.« Er machte eine Pause und lächelte: »Aber es hat lange niemand mehr von dem Weg und dem großen Rätsel gesprochen.« Ben war kurz abgelenkt, da sein Bruder oben auf den Klippen über die Wiese zu ihrem Haus lief. Dann sah er wieder den alten Fischer an. »Ihr wisst von dem Weg?«, fragte er vorsichtig.

»Natürlich weiß ich davon. Vor allem kenne ich die Geschichte von dem Ort, zu dem er führt.« Ben wurde unsicher. Der alte Fischer aber lachte nur und zeigte dabei, wie viele Zähne er inzwischen an das Leben verloren hatte. »Ich habe diese Geschichte schon als Kind gehört«, und um Ben deutlich zu machen, dass sie wirklich von demselben Ort sprachen, fügte er mit verschwörerischer Miene hinzu: »Die Geschichte von dem Ort, an dem es keine Zeit gibt.« Dann lachte er lauthals, und Ben wurde es etwas unheimlich zumute. Zumal das Lachen immer lauter wurde, geradezu unnatürlich laut, und Ben mehr und mehr ein Knacken und Krachen darin vernahm, als ob jeder einzelne Knochen in dem alten Kerl an dem Hall seines Lachens zerbersten würde. Dann riss der Alte plötzlich die Augen weit auf und Ben begriff, dass es nicht das Lachen war, das er gehört hatte. Als er dem Blick des Fischers folgte, sah er voller Entsetzen, wie mit einem gewaltigen Dröhnen der gesamte Steilhang ins Rutschen kam und mitsamt den Wiesen und ihrem Haus ins Meer stürzte.

## Kapitel 7

Ben starrte, noch immer fassungslos, auf die Stelle, wo einmal das Haus gestanden hatte. Das Boot schwankte, und die Insel wurde in der Ferne immer kleiner. »Rasch, aufs Boot!«, hatte der Alte noch gerufen. Sicherlich dachte er, nun sei das Ende gekommen und nach der Steilküste würde sich das Meer diesmal auch den Rest der Insel nehmen. Es war alles sehr schnell gegangen. Ben hatte wenig davon mitbekommen. Er sah sich davonsegeln von diesem Punkt, der einmal sein Zuhause gewesen war, und wo es jetzt nur noch Leere gab. Es klaffte eine Lücke im Felsen. So wie das Loch, das in sein Herz gerissen wurde. Er konnte noch nicht recht begreifen, was geschehen war. Je kleiner der hohle Fleck am Horizont wurde, desto mehr kam in seinem Verstand an, was passiert war. Ben spürte den Verlust.

Er dachte an all die Dinge, die er in dem Haus so sorgsam bewahrt hatte. An die alte Eiche hinten auf der Wiese, die einmal sein Lieblingsplatz gewesen war. Er dachte an das Reetdach und daran, wie sein

Vater es nach einem Sturm wieder neu gedeckt hatte. Er sah die Küche vor sich mit ihrem großen Tisch in der Mitte und dachte an die vielen Gespräche und die schönen Abende, die er mit seiner Familie in all den Jahren hier zusammen verbracht hatte. Und dann sah er die Risse in den Wänden. Es war, als ob mit ihnen die Zeit zersprang. Ben musste ihren Spuren folgen. Sein inneres Auge führte ihn entlang des zersplitterten Gesteins vorbei am Bücherregal zur Ahnengalerie mit der Fotografie seines Urgroßvaters. Ben sah im Geiste all diese Bilder vor sich. Inmitten der Porträts fand sich überlebensgroß das Bild seines Bruders. Ben schaute hinein wie in einen Spiegel. Als er gerade danach greifen wollte, zerstob es in der Gischt der Wellen, die das Meer gegen das Boot sprühte. Dahinter war einfach nichts mehr. Der Punkt am Horizont, die Insel mit ihrem unnatürlichen Krater, war verschwunden.

»Trauer gehört zum Leben«, hörte er den Alten neben sich sagen. Er sah, wie Ben die Tränen über die Wangen liefen. »Aber weine nicht. Die Weisen trauern weder um die Lebenden noch um die Toten.« Ben schaute zu ihm hinüber, als der Alte fortfuhr: »Denn beides, Leben und Tod, vergehen. Die Seele hingegen stirbt nicht, wenn der Körper getötet wird.« Ben sah ihn verwundert an. »Ist nicht von mir«, gab der Alte unumwunden zu. »Das habe ich mal in einem sehr weisen Buch gelesen.«

Ben konnte sich kaum mehr erinnern, wie er auf dieses Boot gelangt war. Nachdem er langsam wieder zu sich kam, fragte er sich, was er hier überhaupt machte. Sein Bruder war tot und mit ihm war alles untergegangen. Hätte er wenigstens das Tagebuch seines Urgroßvaters, dann wüsste er, wohin er gehen musste. Seine Reise wäre nicht vergeblich. So aber stand er ohne Hoffnung an der Reling dieses alten Fischkutters.

»Ich kannte deinen Urgroßvater«, sagte der Alte da plötzlich. Ben schoss es wieder durch den Kopf. Der Fischer hatte den Ort ohne Zeit erwähnt, bevor sein Lachen alles in Grund und Boden gerissen hatte. »Ich war noch ein kleiner Junge, da erzählte man mir die Geschichte von dem besonderen Ort, nach dem dein Ahne suchte. Wie alle Kinder hielt ich sie für ein Märchen. Zuweilen fürchtete ich mich auch davor, da keiner wusste, was genau an diesem Ort mit einem geschehen würde. Im Laufe der Jahre rankten sich immer mehr Legenden darum.«

Der Alte ging langsam über das Deck und löste das Steuer aus seiner Verankerung. »Dein Urgroßvater hat mir jedes Mal von seinen Reisen erzählt, wenn er zurückkam. Er wollte mich wohl zu einem Abenteurer machen.« Der Fährmann schmunzelte. »Sein eigener Sohn war viel zu ängstlich für derartige Unternehmungen. Der interessierte sich mehr dafür, die Dinge zu bewahren.« Der Blick des Alten traf Ben. Er hatte den Eindruck, als sehe der alte Fischer ihn gerade mit dem gleichen Vorwurf an, den sein Urahne seinem Großvater gemacht haben musste. Der Alte schaute auf seinen Kompass, den er fest vor dem Steuerrad angebracht hatte, und korrigierte leicht das Ruder. »Ich weiß nicht viel über den Ort oder wie man dorthin gelangt«, fuhr er fort. »Aber ich weiß, dass man auf dem Weg ein großes Rätsel lösen muss. Es ist ein verborgener Zauberspruch, der zur Weisheit führt, die es zu erlangen gilt, wenn man diesen Ort erreichen will.«

Noch so eine komische Metapher, dachte Ben und schaute auf den Alten. Dann schoss ihm ein Gedanke durch den Kopf. »Heißt das, mein Urgroßvater hat es zu diesem Ort geschafft?« Hoffnung stieg in Ben auf. Sein Bruder und das Tagebuch waren verloren, aber wenn sein Urgroßvater den Ort gefunden haben sollte, hatte er dem Fährmann vielleicht davon erzählt. Der Alte schaute etwas grimmig. Er mochte es offenbar nicht, in seiner Erzählung unterbrochen zu werden. Dann sah er kurz von seinem Steuer auf und sagte knapp: »Nein, hat er nicht.«

Enttäuscht ließ sich Ben auf eine der Kisten fallen, die auf dem Deck des Schiffes vertäut waren. »Dann habe ich keine Chance, jemals dorthin zu gelangen«, sagte er resigniert. Der Alte schaute ihn an und sagte nach einer kurzen Pause verschmitzt: »Mag sein. Mag nicht sein. Aber es ist wie mit allem im Leben: Man kann nie sicher sein, ehe man es nicht selbst versucht hat.« Aus diesen Worten sprach die Stimme seines Bruders. Mit wässrigem Blick, bemüht, die Tränen zu unterdrücken, die wieder in ihm aufstiegen, fixierte er den Alten: »Jedenfalls habt Ihr nichts für mich, was mich noch dorthin bringen kann.« Der Alte schaute ungerührt über das Steuer hinaus aufs Meer bis zum Horizont. Er prüfte kurz seinen Kompass und korrigierte leicht das Steuer. »Du hast recht. Ich kann dir weder deinen Bruder wiederbringen noch das Tagebuch deines Urgroßvaters.« Dann machte er eine lange Pause. *Die Macht des Schweigens.*

Ben war drauf und dran, dem Alten vorzuschlagen, er möge ihn dann doch besser über Bord werfen, da kam ihm eine Frage in den Sinn: »Wohin fahren wir überhaupt?« Der Alte lächelte. Zumindest diese Magie, die ihm der Urahne des Jungen einmal beigebracht hatte, wirkte noch. Dann würde vielleicht auch mit allem anderen etwas anzufangen sein, das er damals von ihm bekommen hatte. »Ich bringe dich an den Beginn deines Weges«, sagte er dann. Bens Augen weiteten sich. Er glaubte, nicht richtig gehört zu haben. »Ihr wisst, wo der Weg anfängt?«, fragte er ungläubig. Der Alte wandte seinen Blick vom Steuer ab und schaute ihn an. »Nein, aber er weiß es.« Er deutete mit seinem Gesicht über das Ruder zum Horizont.

Ben verstand nicht recht. Dann sah er den Gegenstand. »Der Kompass?«, fragte Ben ungläubig. »Der

Kompass deines Urgroßvaters, um genau zu sein. Mit ihm gelangst du an den Ort der Zeitlosigkeit, der nur einen Namen kennt. *Damai*«, sagte der Alte.

## Kapitel 8

Das leichte Unwohlsein, das sie bei Arjunas Abreise gespürt hatte, war inzwischen einer Unruhe gewichen, die fest von ihr Besitz ergriffen hatte. Die Priesterin musste sich eingestehen, dass es keinen Moment in ihrem Leben gegeben hatte, an dem sie so aus dem Gleichgewicht zu geraten drohte. Sie lief in ihren Gemächern umher, und bereits das ungewohnte Geräusch ihrer nervösen Schritte bereitete ihr Unbehagen. Sollte sie wirklich zu dem letzten aller Mittel greifen? Sie wusste, dass sie in den Lauf der Zeit nicht eingreifen durfte. Die Welt bewegte sich nach vorgeschriebenen Regeln. Ihre Übungen befanden sich damit vollkommen im Einklang. Sie erlangte ihren Seelenfrieden, ohne die bekannte Realität zu verlassen. Aber die Priesterin verfügte noch über etwas anderes.

Sie ging zu dem Schrein und öffnete ihn. Da lag es. *Das Wurzelkraut.* Es war die Pflanze der Götter. Ganz irdisch gewachsen in den tiefen Urwäldern des Regenwaldes. Hierher gebracht von ihren Vorfahren, die sie gelehrt hatten, es zu benutzen und die Magie in ihm für jeden zugänglich zu machen, der mit einem ganz bestimmten Wunsch an sie herantrat. Es war der Wunsch, in den Lauf der Zeit einzugreifen. Es ging um das menschliche Verlangen, das Irdische zu bewahren, das sich eigentlich verändern sollte, und dort Veränderungen auszulösen, wo Bewahren die Bestimmung war. Dieser Zauber würde ihr ermöglichen, den Lauf der Dinge zu verändern. Sie wäre imstande, die Zeit selbst einzufangen und sie sich in unnatürlicher Weise zu unterwerfen.

Die Oberste hielt einen Moment inne. Traute sie diesen alten Geschichten? War die Herrschaft über die Zeit nicht nur eine alte Sage, die in Wahrheit auf einem Kraut beruhte, das die Sinne täuschte? Sie selbst hatte es stets abgelehnt, irgendeine Art von das Bewusstsein verändernden Substanzen zu sich zu nehmen. Die Askese war ihre Kraft. Aus ihr schöpfte sie den Willen, die Zeit zu ertragen, indem sie sich ihr hingab. Klaglos. Freudlos. Einfach empfangend, was der Lauf der Geschichte ihr auch bringen mochte. Ihre hohe Stellung hatte sie nur erreichen können, weil sie diese Position nicht wollte. Die Welt mit ihrem Bedürfnis nach Rat und Zuspruch war stets zu ihr gekommen. Nun sollte sie diesen Pfad verlassen? Ihre Selbstbeherrschung eintauschen gegen die Möglichkeit eines Eingriffs in die Zeit? Nur, um in den Besitz einer Information zu gelangen, die das Schicksal nicht freiwillig an sie herangetragen hatte und die ihr Geist nicht müde wurde herbeizusehnen? Die Antwort auf eine Frage, die bereits dabei war, sie vollständig zu beherrschen? Sie spürte, wie die Frage an ihr zu nagen begann, wie sie zur Wissbegier heranwuchs und wucherte. Würde dieser Bewahrer es schaffen, hierher zu gelangen? Weitere Fragen entstanden aus diesem Geschwür, das die Unruhe ihr eingepflanzt hatte: Was würde geschehen, wenn er hier ankäme? Würde sie ihn aufhalten müssen? Wäre dazu irgendjemand imstande? Vor allem aber war es eine Frage, zu der sich alles vorarbeitete. Eine Frage, die den Zweifel in ihr nährte und deren Bejahung alles Sein bedrohte, sogar ihr eigenes: Könnte dieser Bewahrer die Ewigkeit erreichen und in diese Welt bringen?

Und da sie sich an ihre hohe Stellung und die ihr eigene Weisheit gewöhnt hatte, fing diese eine kleine Frage an, ihre anfänglich leisen Zweifel zu einer überwältigend großen und lautstarken Angst werden zu lassen. Übermannt von einem Gefühl, das sie in all den Jahren, die sie nun schon hier oben in den Bergen an diesem Ort des vollkommenen Friedens lebte, nie gespürt hatte, hatte sie sich kurz nach Arjunas Aufbruch in ihre Kammer verkrochen. Dort war sie seither geblieben. Ihm gegenüber hatte sie sich noch standfest gezeigt. Bis sie die Veränderung in ihm gesehen hatte. Schon mit dem ersten Schritt, den er aus dieser Festung gemacht hatte, regte sich Unwohlsein in ihr. So hockte sie nun in ihren Gemächern und ließ dieses Gefühl der Angst größer werden. Aus Tagen wurden Wochen und aus Wochen Monate. Arjuna hätte schon längst zurück sein müssen, aber dazu kam es nicht. Die Hoffnung auf seine Rückkehr starb, und so schien es keinen anderen Ausweg mehr für sie zu geben.

Als die Priesterin die Wurzel näher betrachtete, kehrte die Ruhe zurück, die sie kannte und mit der sie so vollkommen eins gewesen war. In diesem letzten stillen Moment versuchte sie, sich noch einmal zu besinnen. *Die Dinge geschehen, wie sie geschehen.* Dann aber nahm der Drang in ihr überhand, das Schicksal an sich zu reißen und einzugreifen. Sicherzustellen, dass die Dinge so geschehen würden, wie es ihrem Willen entsprach. Sie spürte, wie die Fäden des Schicksals unmittelbar nach ihr griffen. Wie sie sich um sie rankten. Dünnste Fäden, die sie doch sonst immer einfach nur angeschaut und keinesfalls angerührt hatte. Wie sehr hatte sie sich inzwischen in ihr eigenes Karma verstrickt, dachte sie noch, als sie die Wurzel vorsichtig aus dem Schrein nahm. Dann läutete sie nach ihren Dienern. Es galt, die Zeremonie vorzubereiten.

## Kapitel 9

»Er hat mir den Kompass gegeben«, erklärte der Alte. *Wir brauchen wohl immer etwas, das uns Orientierung gibt, wenn unser altes Leben sich unwiderruflich verändert*, dachte Ben. Der Alte hatte Tee gemacht, nachdem er das Steuer wieder fixiert hatte. Er hatte Ben mit nach unten in die Kajüte genommen. »Auch einen?«, fragte er. Ben schüttelte benommen den Kopf. Die Ereignisse der letzten Stunden waren mehr, als er je zuvor in seinem Leben hatte verkraften müssen. Den Weg vom Bewahrer zum Abenteurer hatte er sich deutlich anders vorgestellt. »Vielleicht einen Schuss extra?« Der Alte hatte sich ein wenig aus einer Schnapsflasche in den Tee gegossen und hielt sie Ben hin. Ben nahm sie und trank einen Schluck daraus. »Das kommt eigentlich in den Tee«, murmelte der Fährmann. Aber er sah es Ben nach. Auch er hatte in seinem Leben schon viel erlebt. Trotz seines hohen Alters konnte er sich dennoch nicht daran erinnern, dass ihn das Schicksal einmal so durcheinandergewirbelt hatte wie gerade den Jungen.

»Für mich war es schon herausfordernd, von einem Fischer zu einem Fährmann zu werden«, sprach er laut seinen Gedanken aus. Ben nahm noch einen Schluck und musterte ihn. Wäre er selbst doch auch bloß ein Fischer geworden, dachte Ben bei sich. Die Wandlung von einem Fischer zu einem Fährmann erschien ihm auf einmal so einfach. *Wenn das Schicksal erst einmal das Leben in vollem Umfang verändert, erscheinen einem alle anderen Wandlungen viel leichter. Selbst wenn man sich vorher nie an sie herangewagt hätte.* Ben hatte noch nie so viel nachgedacht in seinem Leben. Ihm kam es vor, als habe die Insel mehr einstürzen lassen als nur die Steilküste mit seinem Haus. Sie hatte nicht nur seinen Bruder unter sich begraben. Sie hatte Bens Willen zum Bewahren niedergerissen.

Der Alte sah ihn an und ließ eine Weile verstreichen, bevor er weitersprach. »Dein Urgroßvater sah voraus, dass irgendwann die Bewohner anfangen würden, die Insel zu verlassen. Die könnten dann einen Fährmann gebrauchen. Damals wusste kaum jemand, wie man sicher von diesem Felsen herunterkommt, und da hat er mir den Kompass gegeben.« Ben nickte. »Er selbst habe dafür keine Verwendung mehr, hat er mir damals gesagt.« Nachdem der Alte noch einen Schluck Tee genommen hatte, fuhr er fort. »Dein Urgroßvater war mit seiner Suche gescheitert. Sein gesamtes Leben hatte er damit verbracht. Sein Sohn und dessen Sohn schienen nicht am Abenteuer interessiert. Sein Enkel täte sich schon schwer, auf eine Eiche zu klettern, hat er immer gesagt. Das sei schon alles an Abenteuer, was seine Nachfahren zustande brächten, erzählte er mir resigniert. Der Junge sei wohl nicht mal schwindelfrei.« Das hast du mir ja gar nicht erzählt, Vater, dachte Ben. Dann überlegte er. Wollte sein Vater vielleicht einen Abenteurer aus ihm machen, der er selbst nie war? Doch erst der gewaltige Erdrutsch hatte das geschafft. *Irgendwann bahnt sich jede Veränderung ihren Weg. Je länger man sich dagegen wehrt, desto stärker wird sie. Bis sie unaufhaltsam wird und einen mit einer neuen Wirklichkeit konfrontiert.* Ben war verwundert über diese Gedanken. Er hatte das Gefühl, dass er aus dem Gleichgewicht geriet. Er konnte nicht sagen, ob es die Wucht der Erkenntnisse war oder die Tatsache, dass er hier auf dem Meer keinen festen Grund unter den Füßen spürte.

»Was ist aus meinem Urgroßvater geworden?«, fragte Ben nach einer Weile. Der Alte schaute durch das Bullauge nach draußen. Mit einem trüben Blick sagte er: »Er hat am Ende versucht, sesshaft zu werden.« Dann machte er eine kurze Pause und hielt inne. Ein Anflug von Traurigkeit huschte über sein Gesicht. Ben runzelte fragend die Stirn. Der Fährmann wich seinem Blick aus, als er weitersprach. »Ist ihm nicht besonders gut bekommen. Ein paar Tage, nachdem er mir den Kompass gab, war er tot«, sagte der Alte knapp, wohl auch, um sich nicht von alten Gefühlen übermannen zu lassen. »Aber genug davon«, sagte er dann und stand auf. Er hatte durchs Fenster etwas gesehen und war dabei, wieder an Deck zu gehen.

»Wir sind gleich in Ashnapur.« Ben erhob sich und folgte dem Fährmann an Deck. Auch er sah die Küste, die am Horizont aufgetaucht war, als er an dem Bullauge vorbeiging. »Ich habe noch nie von diesem Land gehört«, sagte er zu dem Alten. »Es ist auch kein Land«, kam es von oben zurück. »Ashnapur ist eine Stadt. Es ist eine gefährliche Stadt für jemanden, der so wenig vom Wandel versteht wie du. Denn sie hat es geschafft, noch jeden zu verändern, der sie betritt.«

Ben schaute den Alten mit einigem Unbehagen an. »Wer sich nicht verändern kann, den hält Ashnapur in der Zeit gefangen. Sie lässt dich erst gehen, wenn du diese Fähigkeit erworben hast.« Ben konnte sich das kaum vorstellen. Aber wie sollte er auch. Bewahren war das, was er verstand. Der Wandel war ihm fremd. Verunsichert betrachtete Ben die sich abzeichnenden Umrisse der Stadt. Dann hörte er den Fährmann noch sagen: »In Ashnapur beginnt dein Weg.«

# Kapitel 10

Die Priesterin stieg die lange steinerne Freitreppe zu dem Plateau in den Bergen hinauf. Neben sich hörte sie ein leises Rinnsal, das den Felsen entsprang. Die Treppe führte zunächst zu dem Klostergarten, den Mönche vor vielen Hundert Jahren trotz der Höhe angelegt hatten. Dahinter endete die Anlage des Friedensklosters, wie manche den Ort auch nannten, mit einem Hochplateau. Der steinerne Platz war durchzogen von kleinen Furchen, in denen sich Wasser sammelte. In der Mitte dieses in sich zerfließenden Musters befand sich ein ovaler Sockel, von dem aus sich im Sitzen sowohl ein kleiner Felsspalt hoch oben in den Bergen erspähen ließ als auch zur anderen Seite der Blick ins Tal möglich war. Über kleine Steinquader gelangte man zu dem Oval. Nur die geübtesten Augen vermochten von hier oben über mehrere Hundert Kilometer Landschaft hinweg bis zur Küste zu sehen. Sie konnten dem Lauf des Rinnsals folgen, das zu einem Fluss wurde, der an der Küste ins Meer führte. Der Platz war zu perfekt, um eine bloße Laune der Natur zu sein. Aber es schien auch nur schwer vorstellbar, dass er einmal willentlich angelegt worden war. Jedenfalls nicht von Menschenhand.

Zielsicheren Schrittes ging die Oberpriesterin auf den Sockel zu. Sieben ihrer Priester umringten das Oval in gebührendem Abstand. Sie wagten es nicht, sich dem heiligen Wasser, das sich in der Mitte der Plateaus um den Sockel gebildet hatte, auch nur zu nähern. Fremde hätten in den Männern mit ihren Gewändern Würdenträger erkannt oder Waldzauberer, je nachdem, aus welcher Kultur sie kamen. Für die Meisterin waren sie große Schamanen, ohne die sie die Zeremonie nicht bewerkstelligen konnte.

»Zum Himmel oder zur Erde!«, riefen sie, als die Hohepriesterin die Steine im sich spiegelnden Bergwasser überschritten hatte und auf dem Oval Platz nahm. Es war mehr eine Frage als ein Ausruf, denn im Geist antwortete sie *Zur Erde* und hatte diese Wahl durch ihre Position bereits angezeigt. Den Bergen, in denen den alten Legenden zufolge die Ewigkeit verborgen lag, hatte sie den Rücken zugewandt. Sie wusste, dass sie selbst nicht die Kraft besaß, diesen Blick zu bewältigen. Allein dem Ende der Zeit so nahe zu sein, hätte jeden anderen in Panik versetzt. Auch sie spürte wieder etwas von der Unruhe, die der Grund dafür war, dass sie nun hier oben auf dem Oval Platz genommen hatte. »Zur Erde!«, riefen nun die sieben Schamanen und machten sich daran, die Zeremonie einzuleiten.

Die Hohepriesterin blickte auf den Fluss und folgte seinem Lauf bis weit in das Tal. Über Wälder, Wiesen und Felder bis zu dem ersten Dorf. Vor dessen Eingang hatten die Bewohner auf einem Platz einen übergroßen Feuerkelch errichtet, als wollten sie sich gegen das Wasser aus den Bergen schützen. Und tatsächlich zweigte der Fluss vor dem Dorf ab, als ob er diesem Platz ausweichen würde. Dann floss er weiter über die ewig verschlungenen Wege des langen Pfades, der durch das Tal führte, bis hin zu der großen Stadt an der Küste, in der die ersten zivilisierten Menschen lebten. Dahinter begann das Meer.

Während die Hohepriesterin ihren Blick über den Flusslauf schweifen ließ, war ihr fast, als könne sie bereits in die Zeit eintauchen. Als spüre sie alle Geschehnisse, die sich entlang dieser lebendigen Ader der Natur zutrugen. Aber das war natürlich nur eine Täuschung. Es war ihr Überschwang, der sie zu diesen Gefühlen verleitete. *Wenn wir uns berauscht fühlen, scheinen wir in Teile der wirklichen Welt vordringen zu können, die wir sonst nicht zu erfassen vermögen.* Die Priesterin hielt inne. Konnte sie den Zauber auch ohne die Wurzel ganz aus sich selbst heraus bewerkstelligen? Kurz dachte sie daran, dass es für ihre Gefühle und Verzückungen doch gar keiner unnatürlichen Zugaben oder althergebrachter Zeremonien bedurfte, doch da entzündeten die Sieben bereits die Feuer. Unter einigen Bereichen des Plateaus, in dem sich das heilige Wasser sammelte, waren Feuerstellen geschaffen worden. Sieben waren es an der Zahl und unverkennbar wurden sie einst von Menschenhand in das Ensemble eingefügt. Wie Fremdkörper schienen sie sich in den glatten Stein zu fressen. Geschickt hatten die Erbauer diejenigen Stellen ausgewählt, an denen sich auf diese Weise das Wasser erhitzen ließ.

Schnell begann es in diesen Schalen zu brodeln. Als wäre die Zeit selbst in Aufruhr und wehre sich gegen den bevorstehenden Eingriff in ihren natürlichen Fluss. Die Priesterin aber war entschlossen, den Lauf der Dinge zu beeinflussen. Damit sich ihre Stellung nicht veränderte, die sie hier oben in den Bergen erreicht hatte. Der junge Mann, der den Willen zum Stillstand in sich trug, musste aufgehalten werden. Arjuna allein würde dies nicht bewerkstelligen können. Er würde ihre Hilfe brauchen. Also machte sich die Oberste daran, sich gegen die Ereignisse zu stemmen, welche die Zeit mit sich brachte. Der Fluss musste aufhören, in nur eine Richtung zu fließen. Er musste sich umkehren. Die Zeit würde sich dem Willen der Priesterin beugen müssen. Die Oberste hing ihren Gedanken nach. Entsprach diese Vorstellung wirklich noch einem klaren Verstand? Kurz zweifelte sie an ihrem Tun. So wie sich ein Fluss nicht umkehren ließ, so konnte sie doch schwerlich die Geschehnisse verhindern, die sich mit der Reise des jungen Mannes in Gang gesetzt hatten.

Aber dann sah sie, wie ihre Schamanenpriester die verdorrten Blätter der Wurzelpflanze in das brodelnde Wasser warfen und Rauch aufstieg. Zwischen den Schwaden schien sich der Fluss aufzubäumen. Als wolle er seinen Weg ins Tal bis hin zu der großen Stadt am Meer ungehindert fortsetzen. Bei diesem Anblick ließ ein leichter Schauer sie noch einmal zweifeln. Sie war eine gläubige Frau gewesen, die all ihre Kraft aus dem Vertrauen nahm, das sie in das Universum setzte. Stets hatte sie sich mit einem schlichten Mantra zu helfen gewusst. Gleichmut war immer ihre Stärke gewesen, und mit ihrer Gelassenheit hatte sie seit jeher jede erdenkliche Veränderung zu meistern gewusst. Oder zumindest hatte sie die Wandlungen leichter ertragen können. Sie besann sich einen kurzen Moment und stimmte dann in den Gesang der Sieben ein. Die tiefen Klänge einer mehr gesprochenen als gesungenen dreigliedrigen Buchstabenabfolge gaben ihr Kraft und Zuversicht. *A-U-M.* Es war die Klangfolge, die sich zu einem einzigen Symbol verdichten ließ:

*Om.* Der Klang hatte eine beruhigende, fast heilige Wirkung und gab ihr Kraft. Die Priesterin meinte noch einmal für einen kurzen Augenblick gefeit zu sein gegen die Versuchung, die weltliche Veränderung aufhalten zu wollen. Dann aber lenkte ein beißender Geruch ihre Aufmerksamkeit wieder zurück auf das brodelnde Wasser. Die Rauchschwaden fraßen sich bis in ihre Stirnhöhlen. Als der erste der sieben Schamanen das erhitzte Wasser mit einer Schale abschöpfte und ihr den Sud brachte, wusste sie, dass es kein Zurück mehr gab.

## Kapitel 11

»Was erwartet mich in Ashnapur?«, wandte Ben sich an den Fährmann. »Es heißt, die Stadt lässt jeden Besucher, der sie wieder verlässt, erkennen, welche Kraft ihn im Leben führt.« Ben schaute den Alten nachdenklich an. »Von welcher Kraft sprecht Ihr?« Müde erwiderte der Fährmann seinen Blick. »Darüber kann ich dir leider nichts sagen. Ich war noch nie dort.« Ben war verwundert. »Hat Euch der Weg, den der Kompass weist, nie interessiert?« Der Alte blickte über Ben hinweg in die Richtung, aus der sie gekommen waren. »Ich habe bereits einmal mein Leben geändert. Dabei habe ich mir geschworen, am Ende für immer Fährmann zu bleiben, wenn mir der Himmel die Gnade dieses Wandels erweist. Denn man macht aus einem alten Fischer nicht mehr so leicht einen Fährmann. Ich bin schon zufrieden, dass diese Veränderung gelungen ist.« Der Alte machte eine Pause und wandte den Blick dann zu der Stadt, die vor ihnen lag: »Ich sah keinen Grund, das Schicksal noch einmal herauszufordern.«

*Jede Veränderung ist also eine Schicksalsprüfung.* Ben

fragte sich, welche Prüfungen der Weg für ihn bereithalten würde. Als er sah, wie sich die Silhouette von Ashnapur immer klarer an der Küste abzeichnete, dachte er wieder an die Worte des Fährmannes. *Die Stadt verändert jeden, der sie betritt.* Er fragte sich, ob es auch seinem Bruder einst so ergangen war. Als Abenteurer war er aufgebrochen. Aber heimgekehrt war er ganz still und in sich gekehrt. Mit diesem Schweigen, das Ben vorher bei ihm nie so wahrgenommen hatte wie bei ihrer letzten Begegnung. Es passte so gar nicht zu dem Abenteurer, der auszog, um die Welt zu verändern. *Verkehren wir uns am Ende in unser Gegenteil, wenn wir die Veränderung in uns zulassen?* Ben wurde nicht wirklich schlau aus diesen Überlegungen. Doch je näher sie Ashnapur kamen, desto mehr solcher Gedanken schossen ihm durch den Kopf. Reichte schon der Anblick der Stadt, um ihn zu verändern?

Es gab noch etwas, das Ben vollkommen unerklärlich war. Mit jedem Meter, den sich das Boot auf die Stadt zubewegte, spürte er intensiver die Gegenwart seines Bruders. Fast war es Ben, als ob sein Bruder in der Stadt auf ihn wartete. Bei diesem Gefühl wurde ihm unheimlich zumute. Und gleichzeitig empfand er eine unbändige Freude. Fühlte sich so ein Abenteuer an? Schnell verwarf er den Gedanken wieder, denn sein Geist wehrte sich noch gegen die Wandlung, von der er wusste, dass sie bereits unausweichlich sein Leben erfasst hatte.

Als sie wenig später anlegten und Ben sich von dem Alten verabschieden wollte, hielt der ihn zurück. »Es gibt noch etwas, das du über den Weg wissen musst.« Ben dachte an das Rätsel, von dem sein Bruder gesprochen hatte und das anscheinend auch der Alte kannte. »Die Lösung des Rätsels musst du selber finden«, wiegelte der Fährmann ab, als hätte er bemerkt, woran Ben dachte. »Aber noch wichtiger ist *sie*.« Er machte eine Pause. »Ich spreche von der Wächterin des Weges. Sie ist die Hüterin des Ortes, an den deine Reise dich führen wird. Sie war der Grund, warum dein Urgroßvater gescheitert ist. Du solltest nicht unvorbereitet auf sie treffen.«

Ben verstand nicht recht. »Von wem redet Ihr?« Der Alte hatte eigentlich schon genug gesagt und wollte nicht weitersprechen. Doch dann sah er noch einmal zu Ben und wusste, dass er schon zu viel gesagt hatte. Nun würde er ihm alles erzählen müssen. »Es kursieren allerhand Geschichten über sie«, fuhr er fort. »Wenn sie dir auch unvorstellbar erscheinen mögen: Sie sind alle wahr. Dein Urgroßvater hat sie mir selbst erzählt. Er ist ihr begegnet.«

Der Alte erschien Ben nun zunehmend verwirrt. Schließlich musste die Begegnung seines Urgroßvaters mit dieser Frau schon Jahrzehnte zurückliegen. Es war schwer vorstellbar, dass sie überhaupt noch am Leben war. »Ich rede kein wirres Zeug«, der Alte hatte den Zweifel in Bens Blick längst bemerkt. »Ob es noch immer dieselbe Person ist, die zur Zeit deines Urgroßvaters lebte, oder ob sie ihre Kräfte an die nächste Generation weitergegeben hat, spielt keine Rolle.« Ben wusste sich nicht zu helfen, aber eine innere Stimme sagte ihm, dass er das, was der Alte gleich erzählen würde, äußerst ernst nehmen sollte.

»Ihr Name ist Rea.« Bei dem Namen zuckte Ben zusammen. Der Name sagte ihm etwas. Hatte jemand in seiner Familie nicht schon einmal von ihr erzählt oder sie gar getroffen? Er hörte aufmerksam zu. »Man nennt sie die Zeitenfängerin.« Ben nickte. Das war sicherlich bloß wieder eine Metapher. Aber zumindest passte sie zu dem Ort, nach dem er suchte. »Sie beschützt den Weg nach *Damai*«, sagte der Fährmann und fügte dann sehr langsam hinzu: »Sie beschützt ihn, indem sie die Zeit selbst gegen dich einsetzt.«

Ben verstand nicht recht. Eine Stadt, die ihre Besucher verändert, konnte er sich ja noch halbwegs vorstellen. Aber was ihm der Fährmann nun erzählte, klang ebenso verworren wie märchenhaft. Er war sich jetzt sicher, dass der Alte auf der Überfahrt den Verstand verloren haben musste. Vielleicht lag es auch an dem vielen Schnaps, den er sich in den Tee goss. Sicher hat er das Maß an Veränderung nicht verkraftet, dem er in seinem Leben ausgesetzt war, dachte Ben. Er nahm sich vor, genau darauf achtzugeben, dass ihm das nicht auch passierte. Veränderungen brachten eben auch Gefahren mit sich.

»Du wirst es erleben«, sagte der alte Fährmann. »Hier«, stieß er hervor und drückte Ben den alten Kompass in die Hand. »Den wirst du brauchen. Ohne ihn bist du verloren.« Ben mochte dieses Geschenk nicht annehmen, aber der Alte wehrte ab. »Dein Urgroßvater hätte gewollt, dass du ihn bekommst. Ehre ihn. Er wird dich führen, wenn du nicht mehr weiterweißt.« Ben nahm den Kompass. Der Alte hatte inzwischen das Boot bestiegen und die Taue losgemacht.

Mit Wehmut sah Ben, wie das Boot langsam auf die See hinaustrieb. »Kommt mit mir mit!«, rief er dem Alten verzweifelt hinterher. »Ich werde Euch auf meiner Reise brauchen.« Ben hatte das Gefühl, einen neuen Freund gefunden zu haben. Er wollte nicht schon wieder jemanden nach so kurzer Zeit verlieren. Der Alte mochte wirr sein, aber er hatte ihn auch vor der zusammenstürzenden Steilküste gerettet. Er hatte ihm Ratschläge gegeben. Auch wenn Ben nicht wusste, was davon er glauben sollte, so spürte er doch, dass der Alte durch die Veränderungen in seinem Leben so viel mehr Erfahrung und Weisheit erlangt hatte, als Ben auf seiner Reise jemals gewinnen zu können glaubte. Doch der Alte steuerte das Schiff bereits auf das Meer hinaus. »Der Weg verändert einen, weißt du«, rief er Ben noch zu. »Das ist ein Pfad, den ich nicht mehr gehen kann.« Ben starrte auf den Kompass in seiner Hand, dessen Nadel weg vom Meer in Richtung Ashnapur zeigte.

»Ich gehe jetzt zu denen, die sich nicht mehr ändern wollen!«, rief der Alte noch und dachte bei sich: Wenn noch einer übrig ist. Er hatte den Jungen liebgewonnen in dieser kurzen Zeit. Er betete, ihm möge mehr Erfolg beschieden sein als allen seinen Vorgängern. Es ist unwahrscheinlich, dass er es schafft, dachte der Alte ein wenig traurig. Aber in jungen Jahren ist es besser, man scheitert auf dem Weg, als auf einem Felsen zu bleiben, der schleichend zerbröselt. Dabei musste er wieder lachen, fast so laut wie am Strand, als ein großer Teil der Insel ins Meer gekracht war.

Ben hörte dieses Lachen schon nicht mehr. Das Letzte, was er von dem Alten vernahm, war die Warnung, die der Wind über das Wasser zu ihm trug. Noch einmal hörte er die Stimme des Fährmannes: »Vergiss nicht. Sie wird die Zeit gegen dich einsetzen. Der Kompass ist deine einzige Hoffnung.« Damit verschwand das Boot allmählich am Horizont. Ben hielt den Kompass fest in seiner Hand. *Sie wird die Zeit gegen dich einsetzen.* Was auch immer der Alte damit gemeint haben mochte, es war sicherlich im übertragenen Sinn zu verstehen.

Während Ben noch über den tieferen Sinn dieser Worte nachdachte, saß hoch oben im Gebirge auf dem Stein des Plateaus die Zeitenfängerin. Ihre Sicht auf die Dinge war naturgemäß eine völlig andere.

# Kapitel 12

Trance ist ein Zustand, der nicht leicht zu erreichen ist. Doch Rea war geübt darin. Sie schaffte es schon früh während einer ihrer ersten Meditationen. Darin hatte sich ihr eine Welt offenbart, die jenseits von allem lag, was die Sinne des Menschen sonst in der Realität zu erfassen vermochten. In Trance konnte man die Grenzen von Raum und Zeit überwinden. Wer sich in dieses Stadium der losgelösten Konzentration begab, für den ließ sich der Raum nach freiem Willen bereisen. Die Zeit hingegen nahm der Mensch in dieser Bewusstseinsebene vollkommen anders wahr. Sie war kein stetiger Lauf mehr, der in einem immer gleichen Takt den Wandel brachte. Das subjektive Gefühl von Zeit, das die Menschen mal als rasend schnell, mal als quälend langsam wahrnahmen, wurde in diesem Zustand als beherrschbar empfunden. Die Zeit ließ sich biegen, dehnen, und was vielleicht noch viel wichtiger war: Sie ließ sich steuern. Was einem nur in Träumen möglich schien, in denen die Zeit so ganz anders verlief, das erreichte jemand, der sich in einen Trancezustand begeben konnte, ganz leicht. Rea war jedoch in noch viel tiefere Ebenen vorgedrungen.

Sie wusste, dass sich dieser Zustand erheblich verstärken ließ. Fremde Substanzen waren dafür nötig. Aber das hatte sie immer abgelehnt, weil es ihr unnatürlich und falsch vorkam. Es war bereits spät in ihrer Ausbildung, als sie von einem der Schamanen erfuhr, dass es auch eine Reihe von natürlichen Stoffen gab, die seit Jahrhunderten von den Urvölkern dazu genutzt wurden, um Verbindung mit dem Göttlichen aufzunehmen. Die heilige Wurzel *Ayahuasca*.

Sie begann, diese Mittel zu studieren, und war nicht wenig überrascht, als sie dabei auf eine Chemikalie stieß, die nicht nur in der freien Natur vorkam. Es war eins der wenigen Moleküle, die der menschliche Körper selbst produzierte. Allerdings schien sich seine Wirkung im Menschen nicht entfalten zu können. Es zerfiel im Augenblick seiner Entstehung und hatte nicht den geringsten Effekt auf die Wahrnehmung der Menschen. Rea fragte sich, ob die Menschheit nur verlernt hatte, sich seiner Wirkung hinzugeben. Und ob in den wenigen Überbleibseln alter Riten, die die Menschen in Form von Meditation und anderen Übungen noch praktizierten, der Weg zur Entfesselung des molekularen Wunders beschrieben war. Daher fing sie zunächst an, ihren Geist zu trainieren, um mithilfe von Konzentration und Atmung einen Weg zur Erweckung des spirituellen Schlüssels zu finden.

Eines Tages stieß sie in einer der alten Schriften auf den Ursprung dieser Substanz im menschlichen Körper. Einige Gelehrte waren der Ansicht, es gebe tief im Kopf eine Stelle, in der sich das Yin und Yang vereinigten. Auf der Höhe des dritten Auges gelegen, sollte eine Drüse diese Substanz im Gehirn des Menschen produzieren. Manche nannten sie auch das Molekül des Bewusstseins. Rea aber ersann ihre eigene Theorie. Sie untersuchte die diversen menschlichen Zustände des Glücks und stellte sich die Frage, wie sich diese Gefühle auf natürliche Weise erreichen ließen. Unter all den Empfindungen, die sie beschrieben fand, gab es nur eine, die von einer ähnlichen Göttlichkeit gezeichnet war, wie sie das Molekül versprach: Es war die Liebe. Rea glaubte, dass diese Kraft es vermochte, Raum und Zeit zu überwinden. Sie hoffte, dass die Liebe die Wahrnehmung dieser beiden bestimmenden Koordinaten der menschlichen Existenz noch mehr verändern konnte als jegliche Art von fremden Stoffen. Die Liebe stand im Einklang mit der Natur. Aus einem Buch nahm Rea die Erkenntnis mit, dass die Liebe auch Personen erreichte, die sich an weit entfernten Orten befanden oder zu einer ganz anderen Zeit gelebt hatten. *Wir lieben Menschen, auch wenn sie nicht mehr leben.* Die Liebe schien der Schlüssel zu sein, mit dem sich die Zeit unterwerfen ließ.

In Demut wartete Rea auf sie. Sie wusste, dass es keine Rezeptur für sie gab. Nach ihren Beobachtungen kam die Liebe ungefragt zu einem. Aber nachdem Jahre vergangen waren und die Zeit voranschritt, fasste Rea den Entschluss, sich selbst auf die Suche zu begeben. Sie durchkämmte die heißesten Wüsten und bestieg die kältesten Gletscher. Sie schwamm in den tiefsten Gewässern und wanderte über die höchsten Ebenen. Alles war vergebens. Es war an einem der letzten Tage ihrer Suche, als ihr reines Herz sie schließlich in die Berge führte. Dort oben im Himalaya fand sie zwar nicht die Liebe, aber einen tiefen inneren Frieden. Es war *Damai*. Dieser Ort bot ihr seitdem eine Heimat. Sie vergaß ihre Suche und sie vergaß die Liebe und auf die Reinheit ihres Herzens legte sich ein Schatten. So war sie fortan an diesen Ort gebunden und hätte in Weisheit ihr gesamtes Leben dort verbracht, wenn nicht plötzlich und unerwartet ein junger Mann den Entschluss gefasst hätte, sich auf den Weg zu machen. Auf den Weg nach *Damai*. Dort würde er die Ewigkeit erreichen. Er würde den Fluss der Zeit anhalten und damit alles bedrohen, was Rea ausmachte. So kam es, dass sich die Hohepriesterin nun der Zeremonie der Schamanenpriester hingab, um mit der Substanz in Berührung zu kommen, die sie dazu befähigte, in den Lauf der Zeit einzugreifen.

Die Rauchschwaden des brodelnden Wassers hatten sich wie Nebel über das Plateau gelegt. Der Sud der Götterpflanze war getrunken. *Ayahuasca*. Die Zeremonie hatte begonnen, und so beobachtete der Erste der sieben aufmerksam und umsichtig Rea in ihrer unnatürlichen Trance, welche die Wurzel und das Molekül des Bewusstseins in ihr entfacht hatten. Der Schamane spürte ihren Geist. Er sah in ihren Gedanken den langen Weg von den ersten Meditationen über die vergebliche Suche der Liebe bis zu dem Sud des Göttlichen, den sie gerade empfangen hatte. Und dann sah er etwas, was er kaum zu erfassen vermochte. Was er in Reas Geist erblickte, sprengte seine Vorstellungskraft bei Weitem.

# Kapitel 13

Die Priesterin saß hoch oben auf dem Plateau über dem Klostergarten tief im Himalaya auf einem ovalen Stein und spürte den Frieden, den dieser Ort im Namen führte. *Damai.* Mit sanften Augen blickte sie durch die Rauchschwaden hindurch in das ferne Tal. Sie schaute über Wälder, Wiesen und Felder, vorbei an dem Dorf, weiter den Fluss entlang zum Pfad der Tausend Wege bis hin zu der Stadt. Das Dorf, der Pfad, die Stadt. Sie alle waren Stätten einer Prüfung und bildeten einen Dreiklang auf dem Weg, der an der Küste begann und nach *Damai* führte. Wie ein Mantra erschienen ihr diese drei Pforten. *A-U-M. Dorf-Pfad-Stadt*, dachte sie ausatmend und einatmend wieder *Stadt-Pfad-Dorf*. Es war das einzige Zeichen, das vor ihrem inneren Auge erschien und das ihr noch den Halt der realen Welt bot:

*Om.* Dann aber setzte die Wirkung von Ayahuasca ein und veränderte ihre Realität. Ein Lichtstrahl aus Zeit ergoss sich über den Weg. Er erfasste den Fluss und seinen Lauf entlang der Wälder, Wiesen und Felder bis um das Dorf herum. Das Licht brach sich in den Verästelungen des Gewässers in dem Tal wie in mehreren tausend Spiegeln und prallte mit seiner gesamten Kraft auf die große Stadt an der Küste, die es erfasste und vollkommen durchdrang. Die Zeit war in Reas Vorstellung sichtbar geworden und war mit dem Fluss verschmolzen, der an diesem heiligen Ort *Damai* in den Bergen seinen Ursprung nahm und an der Küste ins Meer floss. So ergriff die Zeit auch das Meer. *Die Zeit nahm sich alles.*

Rea sah ihren Schüler Arjuna, wie er dem Weg folgte über das Dorf, den Pfad im Tal bis in die Stadt. Sie sah, wie er übersetzte zu einer weit entfernten Insel, um dem Einhalt zu gebieten, der sich auf den Weg machen würde, um die Welt in die Zeitlosigkeit zu stürzen. Dann hörte sie in der Ferne einen gewaltigen Krach. Er kam von der Insel. Hatte sich ein Lachen hineingemischt? Entsetzen machte sich in Rea breit. Ihr Schüler war gefallen. War es wirklich noch Arjuna? Die Veränderung, die sie auf seinem Gesicht bemerkt hatte, kurz bevor er sie verließ, schien ihn auf seinem Weg vollkommen erfasst zu haben. Hatte seine Reise ihn verwandelt? Oder war er nur wieder zu dem geworden, der er einst war, bevor er sich ins Leben aufmachte, um Abenteuer zu suchen und schließlich ein wenig Frieden zu finden. In *Damai*. Trauer breitete sich in ihr aus. Rea gedachte des schweren Opfers, das ihn die Veränderung gekostet hatte. Arjuna, oder wie immer er sich im Laufe des Weges genannt hatte, wer auch immer er wirklich war, war in Frieden auf die Insel gekommen. Aber diese Festung der Unveränderlichkeit hatte ihn unter ihren Felsen begraben.

Finsternis ergriff die Zeitenfängerin. Dunkle Wolken zogen in ihrem Geist auf und verdeckten am Horizont den Punkt, wo die Insel lag. Aus dieser Dunkelheit sah Rea wieder den Zeitstrahl kommen. Er erleuchtete das Meer und wanderte den Fluss entlang von der Stadt über den Pfad bis hin in das Dorf. Ihr Herzschlag stieg an. Sie spürte Unruhe aufkommen. Rea versuchte den Zustand zu kontrollieren, in dem sie sich befand. Einatmen und ausatmen. Aber ihr inneres Auge sah, dass der Lichtstrahl nun nur noch wenige Wälder, Wiesen und Felder entfernt war. Er war dem gesamten Fluss gefolgt. Beinahe hatte er *Damai* erreicht.

In diesem Moment entlud sich eine gewaltige Macht. In Reas Verstand glühte es. Funken sprühten, und ein Punkt tief in ihrem Kopf schien hell erleuchtet zu sein. Die Substanz verband die Priesterin mit etwas, das ihr bis dahin völlig unbekannt gewesen war. Ihre Kräfte erschienen ihr grenzenlos. Wie abgeworfene Fesseln ließ sie die letzten Hürden der Realität hinter sich. Sie schüttelte alles ab, was den menschlichen

Geist in dieser Welt gefangen hielt. Zeit, Raum, das gesamte Dasein lösten sich auf und setzten sich nach Belieben wieder zusammen. Sie war nun keine bloße Hohepriesterin mehr. Ihr inneres Selbst nahm sie als etwas viel Mächtigeres wahr. Rea verfügte nun über die Macht, die Zeit zu beherrschen.

Den Blick wieder auf den Fluss gerichtet, der Arjuna von *Damai* fortgeführt hatte und den Bewahrer hierherbrachte, wusste sie, was zu tun war. Mit ausgestreckten Armen tauchte sie mit voller Kraft in das Wasser des Flusses ein und ergriff die beiden leuchtenden Zeitstrahlen. In einem Strahl fand sich die Zeit, die ihr Schüler Arjuna zur Insel gebracht hatte. Alle Geschehnisse entlang des Flusses, die sich zutragen würden, machte sie sich so untertan. In dem anderen Zeitstrahl sah sie den jungen Bewahrer von der Insel kommen. Wie er die Stadt Ashnapur erreichte, von dort aus das Tal durchschritt, das sich in den Abzweigungen des leuchtenden Flusses spiegelte, am Platz vor dem Dorf ankam und von dort die Quelle des Flusses fest in den Blick nahm. So würde er *Damai* erreichen. Der Griff in diesen leuchtenden Zeitstrom rief längst vergangene Erinnerungen in Rea wach. So etwas hatte sie schon einmal getan. Bilder eines kleinen Flusses kamen ihr in den Sinn. Es war ein Strom, in dessen Mitte ein kleiner Junge stand und weinte. Er trauerte dem vorbeifließenden Wasser nach, und seine Tränen mischten sich mit der Strömung, der sie galten.

Rea stand am Ufer und sah es. Damals griff sie in den Fluss, wie sie gerade auch in den Zeitstrahl gegriffen hatte, und ließ das Wasser gleichzeitig flussauf- und flussabwärts fließen. Der Junge brauchte einen Moment, um es zu bemerken. Fische, die zeitlich nacheinander an ihm vorbeigeschwommen waren, kehrten ihre Richtung um und konnten sich nun begegnen. Der Junge sah seine Tränen mit der Strömung zurückkehren und fischte sie aus dem Wasser. Sie träufelten sich in seine Augen und ließen sie vor Glück glänzen. *Alles bleibt, wie es ist.*

Dieser Gedanke ließ die Zeitenfängerin wieder auf die Strahlen blicken, die sie immer noch in ihren Händen hielt. Auf der einen Zeitleiste reiste Arjuna zur Insel, auf der anderen nahm der Bewahrer den Weg nach *Damai*. Dazwischen blickte Rea in die Ferne. Ihr Entschluss war getroffen. Mit aller Kraft zog sie die beiden Strahlen des Zeitstroms aufeinander zu. Die entgegengesetzten Flussrichtungen aus Licht waren wie die Teile einer gespaltenen Felswand, die sie so nahe zueinander bringen musste, dass nichts mehr zwischen sie passte. Schwer wie Gestein ließen sie sich kaum bewegen, als ob es den Lichtstrahlen widerstrebte, sich nahezukommen. Die unermessliche Anstrengung forderte ihren Tribut. Reas Verstand schien sich auf einen Pfad zu begeben, von dem es für sie kein Zurück mehr gab. Was sie begonnen hatte, musste sie zu Ende führen. So schob sie allein mit der Kraft ihres Willens die beiden Zeitstrahlen weiter aufeinander zu. Blitze schlugen aus und der Fluss schien zu glühen. Die Elemente waren in hellem Aufruhr. Als sich die Rauchschwaden allmählich verzogen, hatte sie es geschafft: Ihr Blick ruhte auf den beiden Lichtstrahlen, die sie nun auf einer Zeitachse miteinander verschmolzen hatte und die einander umgarnten und sich umschlungen hielten wie Liebende in ihrer ersten Nacht. So fühlte es sich also an: Das erste Mal in ihrem Leben spürte Rea das, was sie für die Liebe hielt. Sie sah Arjuna und den Bewahrer. Wie die Fische im Fluss des kleinen Jungen begegneten sie sich nun an drei entscheidenden Punkten ihres Weges. In der Stadt, auf dem Pfad im Tal und in dem Dorf. Was eigentlich unmöglich war, hatte sie möglich gemacht. Sie hielt es für die Kraft der Liebe. Aber das war ein Irrtum.

Als ihr bewusst wurde, dass Arjuna dazu bestimmt war, den Bewahrer aufzuhalten, und ihn dies schließlich auf die Insel ins Verderben führte, zogen erneut schwarze Wolken am Horizont auf. Sie wollte ihn zurückrufen, aber er hörte sie nicht. Dunkelheit breitete sich in ihrem Verstand aus. Das Schwarz und die Finsternis ließen Rea schreien, und ihr dumpfer Schrei hallte von allen Seiten und Wänden ihrer neuen Realität wider. Er wurde so laut, bis sie es nicht mehr aushielt und schließlich die Augen aufschlug.

Umringt von besorgten Schamanenpriestern fand sie sich auf dem Oval des Plateaus wieder. Konnte die

Zeit tatsächlich rückwärts laufen? Ihr Geist ließ sie im Unklaren, ob die Ereignisse von Arjuna und dem Bewahrer auf dem Weg nach *Damai* nur Teil einer in Trance erlebten Vision waren oder ob sich die folgende Geschichte wirklich so zugetragen hatte.

## Kapitel 14

Schon als Ben sich Ashnapur näherte, fühlte es sich merkwürdig an. Es schien ihm, als strömte ihm die Vergangenheit entgegen. So recht konnte er sich diesen Eindruck nicht erklären. Sie durchdrang seinen Körper, glitt durch ihn hindurch und zog ihn zurück. Es war, als müsse er gegen eine Strömung ankämpfen, die ihn sanft mitnehmen wollte. Sie würde ihn zurück zur Insel führen, in eine andere Zeit. Ein solches Gefühl hatte er bei den immer gleichen Routinen in seinem alten Leben nie empfunden. Kurz meinte er, es habe mit seinem Aufbruch in eine neue Welt zu tun. Aber so war es nicht. Der Weg zur Stadt setzte ihm etwas entgegen, das sich längst zugetragen hatte. Ben spürte die Vergangenheit und wusste mit dieser Empfindung nichts anzufangen. Schnell wollte er sie damit abtun, dass er mit dieser Gegend an der Küste einfach nicht vertraut war. Aber er wusste, dass das nicht die Ursache war. Auf seinem Weg spürte Ben eine längst vergangene Zeit.

Er verdrängte das Gefühl, und so ließ es langsam

etwas nach. Dann gelangte er an den Fluss, der von der Küste bis an die Stadtmauern führte. An ihm wanderte Ben entlang. Sein Kompass hatte ihm den Weg gewiesen. Zunächst war ihm nichts Ungewöhnliches aufgefallen. Er war in Gedanken und hatte sich vorzustellen versucht, was für eine Reise nun vor ihm lag. Plötzlich fiel ihm auf, dass etwas nicht stimmte. Es war schwer in Worte zu fassen, aber auf der anderen Seite des Flusses schien sich die Zeit mit längst vergangenen Bildern in Richtung des Meeres zu bewegen. Der Fluss schien rückwärts zu strömen.

Alles in Ben wehrte sich gegen diesen Eindruck. Nicht nur, dass die Vorstellung so vollkommen unnatürlich war. Ben meinte, die in der Vergangenheit liegenden Ereignisse würden es nur darauf anlegen, ihn zur Insel zurückzudrängen. Wenn er zu lange auf die andere Seite des Flusses schaute, schien er in eine andere Welt zu geraten. Die vergangene Zeit drohte zu ihm herüberzufließen, als wollte sie ihn ergreifen und sich seiner bemächtigen. Es war fast, als verlangte der Fluss seine Umkehr. So, als sei der von ihm eingeschlagene Weg in Richtung der Stadt unnatürlich. *Sie wird die Zeit gegen dich einsetzen.* Ben musste an die Worte des Fährmannes denken und glaubte, auch er war gerade dabei, den Verstand zu verlieren, wie der alte Kauz auf dem Boot.

*Zieht es uns immer in die Vergangenheit, wenn wir mit den Veränderungen in unserem Leben nicht zurecht-*

*kommen?* Ben versuchte eine Erklärung für seine verstörenden Eindrücke zu finden. Vielleicht meldete sich tief in seinem Inneren sein altes Leben und rief nach ihm. War das Bild des Flusses nur Ausdruck seines Wunsches, dass alles wieder so sein sollte, wie es einmal war? Ben sah in seinen Gedanken nun Bilder der Insel vor sich. Oben auf der Steilküste befand sich sein Haus. Sein Bruder stand dort und war noch am Leben. Bei dem Anblick meinte er auf der anderen Seite des Flusses einen jungen Mann wahrzunehmen, der in Richtung der Küste lief. War das sein Bruder? Ben erschrak. Schnell wandte er seinen Blick ab. Er wollte nicht den Verstand verlieren. Als er sich wieder gefasst hatte und es wagte, erneut hinüberzuschauen, war der Mann verschwunden.

Bens Herz schlug höher, doch dann besann er sich und holte seinen Kompass hervor. *Der Kompass ist deine einzige Hoffnung.* Mit festem Blick schaute er auf die Nadel, die klar und deutlich in Richtung Stadt zeigte. Er hatte ein Ziel. Ben begann ruhiger zu werden. Seine Aufregung um die Bilder von der anderen Flussseite ließ allmählich nach. Er nahm sich vor, nur noch nach vorne zu schauen und seinen Blick abzuwenden von allem, was ihn in die Vergangenheit führte.

Ben erklärte sich die Trugbilder mit der Veränderung, die doch schon immer eine Herausforderung für ihn gewesen war. *Mein Verstand versucht, mich nicht vorankommen zu lassen*, dachte er. Ben wusste, wie viel leichter das Leben war, wenn alles unverändert und vertraut blieb. Wenn sich die Welt um einen herum nicht ständig neu erschuf. Aber so war nun einmal das Wesen der Zeit. Ben hatte sich immer dagegen gewehrt. Erst als die Zeit seinen Bruder mit sich gezogen hatte, war er bereit, sich ihr zu stellen. Und von diesem Weg sollte ihn niemand mehr abbringen. Auch nicht sein altes Ich, das sich stets aufgebäumt hatte gegen jede Form von Veränderung. Denn das Leben bewegt sich nach vorne. Die Zeit ließ sich nicht umkehren. Noch war Ben davon überzeugt. Doch das sollte sich bald ändern.

# Kapitel 15

Lange war Arjuna gewandert, seit er das Kloster verlassen hatte. Er war dem Fluss gefolgt, der in den Bergen entsprang. Arjuna wusste, dass dieser ihn durch das Tal bis zu der großen Stadt an der Küste führen würde. Durch Wälder über Wiesen und Felder war er ihm gefolgt bis zu dem Dorf, in dem nichts und niemand einen Namen hatte. Die Bewohner waren einfache Leute, aber tiefgläubig. Sie hingen dem Glauben an, dass das Benennen die Dinge in die Vergänglichkeit stieß. Jeder Fremde, der das Dorf betrat, musste mit seinem Namen die erste und letzte Spur aller Weltlichkeit ablegen. Auf diese Weise schützte sich das Dorf vor der Veränderung, dachte Arjuna. Der Fluss, neben dem er die gesamte Zeit gewandert war, machte einen weiten Bogen um das Dorf.

So wie der Fluss nicht in das Dorf gelangte, so konnte auch Arjuna mit seinem Namen den Ort nicht betreten. Jeder Besucher musste ihn schon am Dorfeingang dem Feuer übergeben. Diese Reinigung war die Voraussetzung für einen Aufenthalt. Mit seinem

Namen legte der Mensch, der das Dorf betrat, auch seine Geschichte ab. Alles, was die Person ausmachte, was sie gelernt hatte und wer sie war, verschwand im Feuer. Die Priesterin hatte Arjuna vorausgesagt, dass seine Reise ihn alles Gelernte vergessen lassen würde. Er fürchtete sich ein wenig davor. Im Kloster hatte er nur die Meditation gekannt. Jetzt aber wurde Arjuna bewusst, dass er sich auf einen Weg des Wandels begeben hatte. Würde er sich noch einmal verändern?

Der Anblick des Dorfes ließ ihn in seinen Gedanken innehalten. Arjuna stand auf dem Platz, der vor dem Eingang des Dorfes lag. In seiner Mitte befand sich die Feuerschale, in die jeder Besucher seinen Namen werfen musste. Der Legende nach zerfiel derjenige, der sich weigerte, noch bevor er die heilige Mitte des Dorfes erreichen konnte, zu Asche und Staub. Auch wenn kein Dorfbewohner das jemals erlebt hatte, galt diese Geschichte als heilig und unantastbar. Daher hatte noch kein Besucher das Dorf mit seinem Namen betreten, und nie hatte es irgendjemand im Dorf je gewagt, sich einen Namen zu geben. Die Kinder blieben einfach Kinder. Die Tiere blieben Tiere. An diesem Ort lebte *Jeder* und *Keiner*. Es war die Gleichheit, die alle verband. Wenn für einen der Bewohner die Zeit gekommen war, sahen die alten Bräuche vor, dass er das Dorf verließ. Aus den Flammen des immer brennenden Feuerkelchs vor dem Dorfeingang konnte er dann einen der vielen Namen erwählen, die vor Urzeiten dort hineingegeben worden waren. Der Mythos besagte, dass, wer den richtigen Namen wählte, mit diesem in die Berge nach *Damai* gelangen konnte und dort den ewigen Frieden finden würde. Aber auch dies hatte noch niemand bezeugen können.

Arjuna kannte diese Geschichten. Er hielt sie für das, was sie waren: alte Regeln, die seit jeher das friedliche Zusammenleben im Dorf gewährleistet hatten. Da niemand sie je hinterfragt hatte, waren sie über Jahrhunderte erhalten worden. Es waren keine schlechten Regeln. Sie waren einfach und erfüllten ihren Zweck. Sie schienen lediglich etwas aus der Zeit gefallen. Manch Fremdem, der aus einer modernen Stadt kam, erschien dieses Brauchtum lächerlich. Da sie aber inzwischen Hunderte von Jahren alt waren, respektierte sie jeder, der hierherkam, als Teil einer alten, wenn auch überkommenen Kultur.

Auch Arjuna hatte sich mit dem gebotenen Respekt dem Platz, auf dem die Feuerschale stand, genähert. Er tastete wieder nach dem kleinen Gegenstand in seiner Tasche. Wenn auch eines Tages alles vergangen und vergessen sein würde, dieser Gegenstand war für Arjuna wie ein Anker. Es reichte aus, ihn zu berühren, und er wusste, dass er sich an die Person erinnern würde, die er einmal gewesen war.

»Du kennst die Regeln?«, fragte ihn ein Wächter, als Arjuna den Platz betrat. Arjuna nickte: »Ich kenne die Regeln.« Der Gegenstand in seiner Tasche erinnerte

ihn daran, wie er selbst vor Jahren seinen alten Namen abgelegt hatte, um in das Dorf zu gelangen und dort zu leben. Ihm war nun auch wieder gegenwärtig, wie er, als er zu jener Zeit aufbrach, um das Dorf zu verlassen, seinen jetzigen Namen aus den Flammen erwählt hatte, um ein Schüler im Kloster des Friedens werden zu können. Seine Wahl war nicht schlecht gewesen. Sie half ihm bei den Unterweisungen durch die Hohepriesterin. Kein Name stand für einen besseren Schüler als der Arjunas. So überlieferten es bereits die alten Bücher. Aber der Name eröffnete ihm nicht den

Frieden, den er angestrebt hatte. Das Plateau in den Bergen, das den Blick in die Ewigkeit bot, blieb ihm verschlossen. Insgeheim fragte er sich, ob es nur an seinem Namen lag oder ob seine Meisterin ihm diese letzte Fähigkeit verwehrte, weil sie diese selbst noch nicht erlangt hatte. Er glaubte bisweilen sogar, dass sie tief in ihrem Inneren sich davor fürchtete. *Denn was man fürchtet, bleibt einem fremd.* Vielleicht verfügte sie aber auch einfach nicht über das notwendige Wissen.

»Gib ins Feuer, was dich vergänglich macht«, forderte ihn der Wächter des Dorfes auf, und Arjuna sah in die Flammen. Dort in der Mitte des Feuers, wo die Hitze am größten war, glühte ein grüner Strahl. Vielleicht war es eine Sinnestäuschung oder die Alten im Dorf hatten den Kelch mit einer Tinktur versehen, welche die Flamme langlebig und im Inneren grün machte. Jedenfalls erinnerte sich Arjuna beim Anblick dieser besonderen Farbe nun umso deutlicher: Ihm fiel wieder ein, was er bei seinem letzten Blick in die Schale vor vielen Jahren, nur aus einem Gefühl heraus, getan hatte. Sein Geist formte aus diesem feurigen Grün den Namen, den er trug. Fast war ihm, als täte das die Flamme selbst. *Halb zog sie ihn, halb sank er hin.* Frieden stieg in ihm auf, ein Frieden, wie er ihn noch niemals im Leben gespürt hatte. Doch mit einem Mal wurde dieser Frieden gestört. Als er an sich herabsah, stellte er fest, dass das Feuer anfing, von ihm Besitz zu ergreifen. Schon bald schien er vollständig in

Flammen zu stehen. Aber er spürte keinen Schmerz. Im Gegenteil, es war ein wohliges Gefühl der Hingabe, das umso stärker wurde, je mehr die Flammen seinen Körper erfassten und ihn langsam und friedlich auflösten.

Der Wächter beobachtete Arjuna, wie er von den Rauchschwaden des Feuers benebelt am Feuerkelch stand. *Wenn sie dort stehen, überkommt sie immer der Rausch,* dachte er bei sich. Die Aufgabe der Wache war es, sicherzustellen, dass niemand in den Kessel fiel. Wenn der Dampf aus den heiligen Blättern der Götterpflanze die Besucher vollkommen in ihren Bann gezogen hatte, brachen die meisten von ihnen zusammen. Wohlig zuckend lagen sie noch einige Zeit in dem weichen Sand, der den Platz bedeckte. Sobald sie erwachten, hatten sie alle vergessen, wer sie einmal waren.

Arjuna kostete jede Sekunde in seinem grünen Flammenbad aus. Tief im Inneren wusste er, dass es sich nur um einen Rausch handeln konnte. Er hatte dieses Grün oft bei den Ritualen gesehen, die die Schamanenpriester seiner Meisterin auf dem Plateau über dem Kloster vollzogen. Der grüne Rauch hatte sie stets in Ekstase versetzt und wilde Tänze vollführen lassen in der Absicht, transformiert zu werden. Sie alle hatten vergeblich versucht, dadurch die Weisheit zu erlangen, die ihnen Zutritt zu der schmalen Pforte zwischen den Bergen bot, hinter der die Ewigkeit lag. Alle trachteten danach, die Zeit zu beherrschen. Aber jeder scheiterte bereits daran, dass er sich diesen Wunsch zu eigen machte. Allein Arjuna war in seiner Demut und dem Respekt vor der Weisheit, die er meinte, niemals selbst erlangen zu können, dem Geheimnis nähergekommen als alle anderen. Diese Haltung brachte er mit zu dem Feuer und die Flammen danken es ihm. Sie ließen den Funken der Erkenntnis, der bereits in ihm steckte, zu einer Wahrheit heranwachsen.

Als sein Körper vom Feuer fast verzehrt war, meinte er inmitten des Grüns zu sehen, wie sein Name erschien. In großen goldenen Lettern hatte sich bereits der erste Buchstabe geformt, und es würde nicht lange dauern, bis sein Name vollständig in dem Feuer tanzte, um mit Arjuna zu verglühen. Arjuna war ruhig und gab sich dem ganz hin. Er konnte nur dann in das Dorf gelangen und seine Reise zum Erfolg führen, wenn er alles aufgab, was ihn bis dahin ausgemacht hatte. Weil er damit die Chance bekam, sich weiterzuentwickeln. Also würde er alles verbrennen lassen, damit ihn nichts daran hinderte, voranzukommen auf seinem Weg.

Doch die grüne Flamme tat etwas, womit Arjuna nicht gerechnet hatte: Zwei weitere Schriftzeichen am Ende des Namens erschienen. Verwundert, erschrocken und schließlich entsetzt sah Arjuna, wie völlig andere Buchstaben auftauchten und das Wort zu einem Namen vollendeten, der doch nicht sein eigener war. Dort stand nicht Arjuna geschrieben, wie es doch richtig gewesen wäre. Die Flamme zeigte ihm einen anderen Namen. Golden leuchtete er ihm entgegen, friedvoll und zugleich bedrohlich. Doch anstatt sich mit aller Gelassenheit dieser Erkenntnis hinzugeben und als Geschenk anzunehmen, was das Feuer für ihn bereithielt, fühlte Arjuna nun die Angst in sich aufsteigen. Panik ergriff ihn. Der Name, der bislang in goldenen Lettern den Flammen standgehalten hatte, schien mit dieser Furcht dahinzuschmelzen. Als offenbarte sein Schrecken Arjunas mangelnde Kraft, dem ewigen Namen standzuhalten, verschwanden die Buchstaben wieder in der grünen Flamme und ließen etwas Neues entstehen. Drei Buchstaben waren es, die nun in einem rußigen Schwarz der Vergangenheit emporschossen. Was Arjuna sah, war sein alter Name, den er einst hierhergebracht hatte. Wie eine Strafe, nochmals diesen Namen tragen zu müssen und erneut Leid zu erfahren, das er schon überwunden zu haben glaubte, sprang dieser Name ihn an. In den letzten Momenten, die er es noch vermochte, sah er, wie sich dieser Name in seinen Geist einbrannte.

Ein Schreien, das von weit herzukommen schien und das sein eigenes wurde, ließ ihn wieder zu sich kommen. Benommen und fast regungslos lag er im weichen Sand neben der Feuerstelle. Über ihm kniete bestürzt und voller Sorge der Wächter der Flamme und versuchte ihn wachzurütteln. Als der Mann im

Mönchsgewand die Augen aufschlug, hatte er sein altes Ich vergessen. Er kannte weder den Namen Arjuna, noch wusste er, wo er hergekommen war. Der Mönch hatte *Damai* vergessen und die Priesterin. Die Gefahr durch den Bewahrer war genauso verschwunden wie die Mission, der sich der junge Mann gerade noch verschrieben hatte. Allein der Name, den das Feuer ihm in drei schwarzen Buchstaben gezeigt hatte, war ihm geblieben.

Unfähig, mit einem Namen das Dorf zu betreten, stolperte er in Richtung des Waldes, von dem er gekommen war. Wer war er einst gewesen? Der erste Anhaltspunkt dafür war sein früherer Name. Nun wollte der junge Mann wissen, wer dieser Max war, dessen Namen er in den Flammen gesehen hatte.

## Kapitel 16

Ben wusste nicht mehr, wie er es geschafft hatte, in die Stadt zu gelangen. In seiner Erinnerung war der Sog der Vergangenheit immer stärker geworden, je mehr er sich dem großen Stadttor von Ashnapur näherte. Wind war aufgekommen. Zunächst ein fast unmerklich leichter, der Ben nostalgisch ins Ohr flüsterte. Er erzählte ihm von seiner Insel. Mit der Zeit wurde er intensiver, und was zunächst nur ein Hauch gewesen war, spürte er nun am ganzen Körper. Erst hatte die Vergangenheit sanft seine Haut gestreichelt, doch ehe er sich's versah, hatte sie ihn vollkommen erfasst. Ben ging dagegen an. Schritt für Schritt lehnte er sich gegen den Wind, der mit jedem Meter stärker wurde. Den Oberkörper nach vorne gebeugt, setzte Ben mühsam einen Fuß vor den anderen. Der Sturm war nun zu einem Orkan geworden. Die Zeit und ihre Erinnerung setzten ihm ihre ganze Kraft entgegen. Für die letzten Meter bis zum Stadttor glaubte Ben länger zu brauchen als für die vielen Meilen von der Küste, die er schon zurückgelegt hatte. Er wusste, dass es ihn dorthin zurückschleudern würde, wenn er nur einen Gedanken an das verlor, was hinter ihm lag. Mit letzter Willenskraft, die ihm viel abverlangte, erreichte er den Eingang der Stadt. Kaum hatte er den ersten Schritt unter den Torbogen gesetzt, hörte der Sturm auf. Erschöpft hielt er einen Augenblick inne. Dann ging Ben langsam durch das Tor. Er hatte Ashnapur erreicht.

Ben schaute auf das Bild, das sich ihm bot. Die Stadt war in Bewegung. Menschenmassen drängten über die Plätze und Straßen. Sie strömten ineinander. Ein Gemisch aus Geräuschen hallte von Hauswänden und Marktständen wider und drang aus den Geschäften. Überall war eine gewaltige Energie spürbar. Die Stadt zeigte ihren ganzen Lebenswillen. Ben konnte ihn spüren. Er stand auf dem Platz hinter dem Stadttor und schaute auf das bunte Treiben. Der Anblick wühlte ihn auf. Vielleicht war es das Bewusstsein, nun ein neues Leben zu beginnen. *Manchmal verdeutlicht uns erst das Bild einer neuen Welt, die wir betreten, dass ein Abschnitt unseres Lebens unwiderruflich zu Ende gegangen ist.*

Die Emotionen tobten in ihm. Ben sah die vielen Türme und Häuser der Stadt vor sich. Ein seltsames Gefühl breitete sich in ihm aus. Es war, als würde das gewaltige Treiben, das sich vor ihm auf den Straßen abspielte, diese riesige Kulisse voll bunter Energie, seinen gesamten Körper erfassen. Aber in dem Bild, das er vor sich sah, spürte er auch etwas bereits Erlebtes.

Ben konnte dieses Gefühl nicht deuten. Von Weitem hörte er ein Grollen. Erst leise, dann immer lauter drang es durch das Gewirr aus Menschen und Geräuschen. Etwas in der Menge schien nach ihm zu rufen, streckte sich aus der aufbäumenden Masse nach ihm aus und formte sich zu einem gewaltigen Maul. Ashnapur drohte ihn zu verschlingen.

»Bist du endlich von der Felsenfestung heruntergekommen.« Die Stimme, die Ben plötzlich hinter sich hörte, klang so real wie damals auf der Insel. Er hätte sie unter Tausenden erkannt. Aber das konnte nicht sein. Als Ben sich umdrehte, stand hinter ihm eine Gestalt in einer Brahmanenkutte. »Ist es nun wirklich anders hier als auf deiner Insel?« Ben hörte die Frage kaum. Denn als der Mönch seine Kapuze zurückzog, starrte er vollkommen fassungslos in das Gesicht seines Bruders.

# Kapitel 17

»Ein Trugbild, es ist nur ein Trugbild.« Ben versuchte verzweifelt, das Bild seines Bruders aus dem Kopf zu bekommen. Als der Brahmanenmönch auf ihn zuging, hielt Ben es nicht mehr aus. In Panik rannte er davon. Er stürzte auf das Stadttor zu, raste hindurch und ließ die Eingangspforte von Ashnapur so schnell wie möglich hinter sich. Als ob er in einen reißenden Fluss gesprungen wäre, spülte ihn die Zeit, gegen die er gerade noch angekämpft hatte, von den Stadtmauern Richtung Küste. Was sich für Ben zuvor wie ein Widerstand gewaltiger Fluten angefühlt hatte, trieb ihn nun wie ein Wildwasser von Ashnapur hinweg. Seine Beine überschlugen sich. Er lief, so schnell er konnte. Als würde unter ihm gerade die Steilküste in sich zusammenstürzen. Er floh vor dem Bild seines Bruders, kaum fähig, seinen Körper beim Laufen in der Balance zu halten. Jetzt nur nicht das Gleichgewicht verlieren, dachte er noch. Im selben Moment fiel er und stand wieder auf, bevor er ganz zu Boden ging. Mit diesem Stolpern, Rennen und Fliehen war er wieder nah an den Fluss gelangt, der ihn so verlässlich zu der Stadt geführt hatte.

*Sie wird die Zeit gegen dich einsetzen.* Der Fährmann hatte ihn gewarnt. Aber das wollte Ben einfach nicht glauben. Die Stadt hatte ihm gleich am Eingang etwas vollkommen Unmögliches gezeigt. *Ein Trugbild, nur ein Trugbild*, dachte Ben immer wieder. Das gab ihm einen letzten Rest Sicherheit. Einen Halt in dem, was von seinem Leben noch übrig war. Mit diesen Gedanken rannte er weiter, und als er für einen kurzen Moment nicht aufpasste, fühlte er, wie seine Füße strauchelten. Unversehens rutschte er den abschüssigen Wegesrand hinab in Richtung Fluss. Er taumelte, überschlug sich, sah, wie sich der Himmel drehte, bis er kurz vor dem Flussbett mit dem Kopf aufschlug.

Bewegungslos lag er da, während sein Herz raste. Bens Körper blieb ruhig, aber seine Gedanken galoppierten. Sein Bruder war tot. Konnte er diese Realität nicht akzeptieren? Ben befürchtete, sein Weg in die Veränderung würde ihn den Verstand kosten. Er versuchte, sich zusammenzunehmen. Die Zeit ließ sich nicht umkehren. Das durfte er nicht vergessen. Sein Blick fixierte den Fluss. Ben erinnerte sich, wie er auf der Insel als Kind immer in einem solchen Fluss gestanden hatte. Damit hatte er angefangen, sein Hang zum Bewahren. Wie damals hörte er auch jetzt, wie das Wasser um ihn herum rauschte. Nach all den Jahren kamen wieder dieselben Gedanken in ihm hoch.

*Mich kannst du nicht fortspülen,* hatte Ben als Kind immer zu dem Wasser gesagt und sein Spiegelbild angeschaut. Seinen Bruder hatte er darin entdeckt. Wie er sich der Unveränderlichkeit fügen musste. Bei diesem Gedanken hatte Ben noch etwas anderes gesehen. Ein ganz wundersamer Vogel war neben ihm im Fluss aufgetaucht. Ebenso wie sein Spiegelbild bewegte er sich nicht. Das kleine Tier stand still über dem Jungen, der sich im Fluss spiegelte, und trotzte der Veränderung. Es war wie ein Stillstand im Fliegen. Sein Vater hatte ihm später erklärt, nur die Kolibris seien dazu imstande.

Mit seinem verletzten Kopf schaute Ben auf sein Bild im Wasser. Der kleine Junge von damals schien aus dem Fluss zurückzublicken. Er hatte sich nicht verändert. Warum war Ben selbst das nicht gelungen? »Weil die Welt einem ständigen Wandel unterworfen ist«, hörte er in Gedanken den Jungen sprechen. *Wie kann dann mein Bruder in der Stadt sein?* In Bens Kopf dröhnte es. Er konnte nicht sagen, ob es von dem Sturz kam oder von dem, was er meinte in Ashnapur gesehen zu haben. »Dein Bruder ist in der Stadt, damit du etwas lernen kannst, was du in deinem bisherigen Leben auf der Insel nicht zu lernen bereit warst«, hörte er den Jungen sprechen.

Ben begann nachzudenken. Was sollte er lernen? Sein Bruder war nur eine Schimäre. Bei dem Gedanken an ihn hörte Ben einen vertraut klingenden Satz von dem Jungen: »Das kannst nur du herausfinden. Ich kann es dir nicht sagen. Die Erkenntnis lässt sich nur erlangen, wenn du selber darauf kommst.« Der Junge sah Ben bei diesen Worten gütig an. Ben spürte, dass er es gut mit ihm meinte. Vielleicht waren die Stadt und Bens seltsame Wahrnehmung bereits ein Teil des Rätsels, von dem sein Bruder und der Fährmann gesprochen hatten. Ben wusste, dass er es nur herausfinden konnte, wenn er sich Ashnapur und dem Trugbild, das die Stadt für ihn bereithielt, stellen würde. Was habe ich erwartet?, fragte sich Ben. Ich suche nach einem Ort, an dem es keine Zeit geben soll. Warum wundert es mich, dass die Zeit schon auf dem Weg nicht macht, was sie soll.

Es sind nur Gedanken in meinem Kopf, sagte er sich schließlich. Sie schienen Ben in einer Vergangenheit festzuhalten, die er nicht loslassen konnte. *Wenn die Veränderung in unser Leben tritt, führen uns die Gedanken in eine alte Welt zurück.* Sie legen eine Erinnerungsspur in unser Herz. Menschen, die nicht mehr da sind, sind uns viel gegenwärtiger als die Umgebung, in der wir uns befinden. Ben sah auf den Fluss. Aber die Gedanken sind nur ein Spiegel unseres Bewusstseins. Dann realisierte Ben, dass er immer noch auf dem Boden lag. Wenn er einfach nur hierblieb, im Staub und Geröll, und auf sein Bild im Fluss starrte, würde er sich nicht von diesen Gedanken lösen können.

Ein leichtes Surren lenkte seine Aufmerksamkeit

wieder auf den Jungen. Erstaunt stellte Ben fest, dass er nun noch etwas anderes neben dem Bild im Fluss entdeckte. Unbewegt und still stand dort ein kleiner Kolibri in der Luft. Aus seinen winzigen Augen sprach die gleiche Güte wie aus denen des Jungen. »Mit ihm kann ich dich begleiten«, sprach dieser, und als Ben über sich schaute, sah er, dass dort tatsächlich ein Kolibri schwirrte. Er wollte dem Jungen danken, doch als er erneut einen Blick auf den Fluss warf, sah er nur sein eigenes Spiegelbild. Der Junge, der zu ihm gesprochen hatte, war verschwunden. Ben stand mühevoll auf und hielt sich den Kopf, als der Kolibri bereits begann, sich in Richtung Stadt zu bewegen. Ben folgte ihm und schleppte sich den Abhang zum Weg hoch.

Oben angekommen nahm er Ashnapur fest in seinen Blick. *Lerne, was du auf der Insel nicht hast lernen können.* Er hatte so viel in so kurzer Zeit überstanden, dachte Ben bei sich. Den Untergang seiner alten Welt, den Verlust des Bruders, die Ausweglosigkeit, die er auf dem Boot zunächst gespürt hatte. Was auch immer die Stadt für ihn bereithielt, Ben würde sich dem tapfer stellen. Womöglich würde er ja daran wachsen. So raffte er sich auf und machte sich erneut auf den Weg in die Stadt. Er versuchte alle Gedanken für einen Moment beiseitezuschieben und folgte dem kleinen Vogel. Vielleicht war auch er nicht real, aber wen interessierte das schon? Für Ben war er da. Auch das konnte er nicht ändern. So beschloss Ben, zu akzeptieren, dass ihn der Kolibri in Richtung Stadt führte. Ein wenig erstaunt stellte Ben fest, dass sich mit dieser Einstellung der Weg nun ganz anders zurücklegen ließ. Er spürte kaum noch etwas von dem Zeitfluss, der ihn in die Vergangenheit gezogen hatte. Im Gegenteil, mit jedem Schritt gab Ben seinen Widerstand gegen die Kräfte, denen er sich ausgeliefert fühlte, ein Stück weit auf. Und plötzlich schien auch der Weg ihm nicht mehr die Energie entgegenzusetzen, die Ben beim letzten Mal gespürt hatte. Der kleine Kolibri zog ihn wie an einer Schnur ganz leicht in Richtung seines ersten großen Abenteuers. Aber nicht nur der Weg hatte sich verändert. Als Ben, langsam und ruhig diesmal, auf die Stadt zuschritt, war er selbst dabei, ein anderer zu werden.

# Kapitel 18

*Verändern wir uns selbst oder nur unsere Sicht auf die Dinge?* In diese Gedanken versunken erreichte Ben schließlich erneut das Stadttor von Ashnapur. Nun war der Moment gekommen, der seinen ganzen Mut erfordern würde. Hinter dem Tor erwartete ihn das Abbild seines Bruders. Ben wusste nicht, wie er damit umgehen sollte oder was diese Begegnung mit ihm machen würde. Doch er spürte tief in seinem Inneren, dass er keine andere Wahl hatte. Als er versuchte, sich vorzustellen, wie er erneut dem Brahmanenmönch gegenüberstehen würde, fragte er sich, was wohl das Schlimmste sein könnte, das dieses Zusammentreffen in ihm auslösen würde.

Diese Überlegung half ihm. Beruhigt stellte er fest, dass es kaum etwas gab, vor dem er sich wirklich fürchten musste. Selbst der anfängliche Schrecken über die Erscheinung seines Bruders würde nicht mehr in der Form zurückkehren. Denn nun hatte Ben einen großen Vorteil. Er wusste, was ihn erwartete. Aus all dem schöpfte er Mut. Er fasste sich ein Herz und wollte gerade durch das Tor gehen, da bemerkte er seinen Kolibri. Er schwebte über ihm in der Luft. Aber in dem Moment, in dem Ben die Entscheidung getroffen hatte, das Tor zu durchschreiten, flog der Vogel wieder voran. Ben folgte ihm und nach nur einem Augenblick fand er sich auf dem großen Platz in Ashnapur wieder.

So wie der Weg von der Küste ein ganz anderer gewesen war, so war diesmal auch Bens Eindruck von der Stadt vollkommen anders. Geordnet und friedlich schienen die Menschen in Ashnapur ihren Geschäften nachzugehen. Die Häuser und Türme wirkten weniger groß und bedrohlich. Das Bild, das sich ihm bot, war ihm nun ein wenig vertraut. Ruhig und gefasst suchte Ben den Mann, in dem er seinen Bruder erkannt hatte. Er schaute sich nach allen Seiten um, aber zu seiner Überraschung war von dem Brahmanenmönch nichts zu sehen. Er ließ seinen Blick über den Platz schweifen. Unzählige Menschen tummelten sich hier. Gesichter tauchten vor ihm auf, waren kurz erkennbar und verschwanden dann wieder in der Menge. Endlich erspähte er in einiger Entfernung einen Mann in einer Mönchskutte. Der Mann unterhielt sich mit jemandem an einem der vielen Marktstände, die auf dem Platz aufgebaut waren. Festen Schrittes ging Ben auf ihn zu. Der Mönch hatte ihm den Rücken zugewandt. Ben hatte noch nicht einmal darüber nachgedacht, was er sagen wollte, da legte er dem Brahmanen auch schon seine Hand auf die Schulter. Als dieser sich umdrehte, blickte er in ein vollkommen fremdes Gesicht. Überrascht entschuldigte er sich. Der Mönch lächelte ihn verständnisvoll an. »Es gibt viele von uns in der Stadt. Ihr Bekannter wird hier sicherlich irgendwo sein.«

Ratlos stand Ben inmitten des Marktes. Er hatte sich auf eine Begegnung mit dem Abbild seines Bruders eingestellt, doch nun war alles ganz anders. Hatten ihm Gedanken an die Vergangenheit seinen Bruder gezeigt? Warum ließen sie ihn nicht erneut erscheinen? Ben war es nicht gewohnt, mit Situationen umzugehen, die er nicht kannte. Auf seiner Insel war er immer denselben Routinen gefolgt. Das Leben hier in der Stadt schien jedoch ausschließlich aus unvorhersehbaren Ereignissen zu bestehen. Ben suchte nach etwas Vertrautem, das ihn leiten konnte.

Ihm kam sein Kolibri wieder in den Sinn. Aber der kleine Vogel war inzwischen nirgends mehr zu entdecken. Ben wusste nicht weiter. Was sollte er nun machen? Dann erinnerte er sich, was der Fährmann ihm zum Abschied gesagt hatte. *Er wird dich führen, wenn du nicht mehr weiterweißt.* In der Aufregung um das vermeintliche Zusammentreffen mit seinem Bruder hatte Ben ganz vergessen, dass er ja einen Kompass besaß. Schnell holte er ihn hervor. Unruhig schaute er, was die Nadel ihm anzeigte. Dann durchfuhr ihn der nächste Schreck. Die Nadel rotierte und zeigte in alle

Richtungen, sein Wegweiser schien bei seinem Sturz vor der Stadt kaputtgegangen zu sein.

»Das ist aber ein schöner Kompass«, sagte da auf einmal der Händler, vor dessen Stand er den Mönch angesprochen hatte. Ben sah ihn mit betretener Miene an. Er brachte nur mühsam ein Lächeln auf seine Lippen. »Funktioniert er noch?«, hörte Ben seine Frage. Der Markthändler sah die Antwort bereits in Bens Gesicht. »Du hast Glück, dass du in Ashnapur bist«, sagte er freundlich. »Unweit von hier gibt es ein Geschäft. Es ist nur ein winziger Laden, den kaum jemand findet, der ihn nicht kennt. Die Frau, die ihn betreibt, kann das sicherlich wieder in Ordnung bringen.« Ben schaute den Mann mit großer Dankbarkeit an. Der Händler sah es und lächelte. »Gerade in dieser Stadt ist es wichtig, etwas bei sich zu führen, das einem den richtigen Weg weisen kann«, sagte er noch. Das kam Ben vertraut vor. Er war sich sicher, mit dem Kompass würde er seinen Weg fortsetzen können.

## Kapitel 19

Ungelenk stolperte Max den Weg in Richtung des Waldes, an dem der Fluss entlanglief. Max, das war sein wirklicher Name. Er hatte es sofort gewusst, als er die drei Buchstaben in dem Feuer gesehen hatte. Drei Buchstaben, die alles veränderten. Mit ihnen hatte er jede Erinnerung an die Zeit, die er als Mönch Arjuna in den Bergen verbracht hatte, verloren. Gleichzeitig lag über dem Leben, das er als Max geführt hatte, noch ein Schleier. Die Einzelheiten ließen sich nur schwer erkennen, die Figuren darin waren nur schemenhaft sichtbar. Es war seltsam. Max hatte sich auf einen Weg gemacht, der ihm nach und nach seine Vergangenheit offenbaren würde. Doch was sich in diesem früheren Leben ereignet hatte, wusste er genauso wenig, wie man die Ereignisse kennt, die in der Zukunft liegen. Er versuchte, sich vorzustellen, wer er war und woher er kam. Doch das Ergebnis war genauso unbestimmt wie die Ideen, die Menschen von den noch vor ihnen liegenden Tagen haben. Dennoch fühlte Max einen elementaren Unterschied: Was auch immer sich ihm offenbaren würde, war bereits geschehen. Die Ereignisse waren festgeschrieben. Er ging in seine Vergangenheit und konnte daran nichts ändern.

»Ist es wirklich ein so großer Unterschied zu dem, wie du vormals deine Zukunft empfunden hast?«, war plötzlich eine Stimme zu hören. Max hatte den Wald fast erreicht und schaute sich nach allen Seiten um. Es schien niemand da zu sein. War die Stimme, die er gehört hatte, nur in seinem Kopf? Ein Plätschern lenkte seine Aufmerksamkeit auf den Fluss, der nun unmittelbar vor ihm lag. War dort jemand im Wasser? Max ging ans Ufer. Er konnte niemanden entdecken. Er stand ganz allein am Rande des Flusses. Sein Spiegelbild im Wasser war das einzige Gesicht weit und breit. »Du erinnerst dich nicht an mich?«, hörte er die Stimme sagen. Noch einmal schaute sich Max nach allen Seiten um. Er entdeckte nichts. Aber eine dumpfe Ahnung in ihm wusste bereits, wo er nach der Stimme suchen musste. »Der Einzige, der dich von hier aus führen kann, bist du selbst.« Max sah sich das Gesicht im Wasser genauer an. Es überraschte ihn nicht, dass er einen Jungen sah, der ihn aus dem Fluss anblickte. »Du weißt doch, dass ich mich nicht verändere.« Das kam Max bekannt vor. Es war etwas aus seiner Vergangenheit, das hier zu ihm sprach.

»Wer bist du?«, fragte er den Jungen im Fluss. »Solltest du nicht erst einmal herausfinden, wer du selber bist?«, entgegnete ihm der Junge. Max überlegte. »Wie gelingt mir das? Ich kann mich an nichts weiter erinnern als an meinen Namen.« Der Junge lächelte. »Aber dieser Fluss kommt dir doch vertraut vor?« Bei diesen Worten sah Max der Strömung nach, die in Richtung des Tals floss. »Ja, an diesem Fluss bin ich einst entlanggewandert. Ich kam aus dem Tal und bin zu dem Dorf gelangt. Meinen Namen habe ich damals in das Feuer gegeben, um ein anderer zu werden.« Der Junge nickte. Dann sprach er zu Max: »Nun laufen die Ereignisse in umgekehrter Richtung. Das Feuer hat dir deinen Namen wiedergegeben, und so führt dein Weg dich wieder am Fluss entlang dorthin, wo du hergekommen bist. Deine Zeit fließt nun wieder zurück und du gehst mit ihr in deine Vergangenheit.« Diese Sätze des Jungen drückten das Gefühl aus, mit dem Max sich vom Dorf aus auf den Weg gemacht hatte. Er wusste, dass er gar nicht erst versuchen sollte, es mit dem Verstand zu begreifen. Er spürte, dass die Erklärung richtig war. Max bewegte sich in seine Vergangenheit und würde damit die Erinnerungen an sein wahres Selbst zurückgewinnen. Was sich eigentlich unnatürlich anfühlte, begann er zu akzeptieren. Er kämpfte nicht gegen den Strom des Flusses an. Er ließ sich mit ihm treiben.

»Was hast du gemeint, als du mich fragtest, ob sich die Vergangenheit und die Zukunft unterscheiden?« Max war wieder eingefallen, was die Stimme ihn zu Beginn gefragt hatte. Der Junge lächelte. »Wenn du dir dein Leben wie einen Film vorstellst, macht es dann einen Unterschied für dich, ob er vorwärts oder rückwärts läuft?« Max überlegte kurz. »Du meinst, ich habe keinen Einfluss darauf, was geschehen wird, weil es bereits festgeschrieben ist? Darin unterscheiden sich Zukunft und Vergangenheit nicht?« Der Junge wandte seinen Blick Richtung Tal. »Ich denke, es geht darum, dass uns die Akzeptanz des Gegenwärtigen leiten sollte. Das ist genau der Punkt, den es zu begreifen gilt. Folge mir in die große Ebene. Dort erhältst du vielleicht eine erste Antwort.« Max schaute dem Fluss nach. *Die Akzeptanz des Gegenwärtigen.* Konnte einem diese Haltung helfen? Stumm nickte Max dem Jungen zu. Dann wandte er sich ab und folgte dem vorgezeichneten Weg entlang des Flusses.

# Kapitel 20

Das Geschäft lag verborgen in einer kleinen Seitengasse. Ben hätte es ohne die Beschreibung des Händlers sicherlich nicht gefunden. Nun stand er vor dem Laden und betrachtete das seltsame Schild über dem Eingang. Er fragte sich, ob er hier wirklich richtig war. *Wir können nichts reparieren. Wir verleihen den Dingen nur den richtigen Sinn.* Das war ein merkwürdiger Spruch für einen Betrieb, der ihm auf dem Markt als Werkstatt empfohlen worden war. Ben war jedoch klar, dass er ohne einen funktionierenden Kompass keine Ahnung hatte, wie er von Ashnapur aus seine Reise fortsetzen sollte. Also entschloss er sich, diesen eigenartigen Hinweis einfach zu ignorieren, und betrat das Geschäft.

Ein schummriges Licht empfing ihn. Der Laden war vollgestopft mit allerlei mechanischen Geräten. Altmodische Uhren, die nicht funktionierten, hingen an den Wänden. In den Regalen fand sich ein Durcheinander aus Kaffeemühlen und Rechenmaschinen, einer Briefwaage sowie einem gusseisernen Bügeleisen.

Überall lagen lose Zahnräder und andere metallische Gegenstände herum, die Ben nicht zuzuordnen wusste. In dem ganzen Plunder fiel Bens Blick auf ein altes Grammophon und auf einen Standglobus aus einem anderen Jahrhundert. Ben fühlte sich unweigerlich an sein altes Haus auf der Insel erinnert. Er fragte sich, ob die vielen über Generationen aufbewahrten Gegenstände dort auch so eine schier erschlagende Wirkung gehabt hatten, wie er sie hier im Laden empfand.

»Die Vergangenheit kann manchmal ganz schön belastend sein, nicht wahr?« Eine Frau mittleren Alters stand am anderen Ende des Raumes hinter einem kleinen Tresen. Sie hatte Ben bereits eine Weile beobachtet. Ihr feines weißes Haar verlieh ihrer Erscheinung etwas Graziles, ohne sie jedoch alt wirken zu lassen. Ihr schmales Lächeln verbreitete eine sanfte Wärme, die den ganzen Raum erfüllte. Während draußen in der Stadt ein buntes Treiben herrschte, kam es Ben hier drinnen wie in einer heimeligen Teestube vor. Die Bemerkung über die Vergangenheit noch im Ohr schritt Ben langsam an den vielen aufgetürmten Gegenständen vorbei und näherte sich behutsam dem Ladentisch.

»Wenn sie einem in so geballter Menge gegenübersteht, mögen Sie recht haben«, gab er zurück. Sie lächelte bei dieser Bemerkung. »Wenn man die Besitzer dieser Gegenstände fragen würde, reichte jedem von ihnen schon ein einziger, um sie in ihrer Vergangenheit zu halten.« Ben musterte die Frau, die auch bei dieser Bemerkung nicht aufgehört hatte zu lächeln. Sie sah nicht so aus, als würde sie hinten im Laden eine Werkstatt betreiben. Auch die vielen kaputten Dinge, die sich hier stapelten, sprachen nicht gerade dafür. »Ich bin mir nicht sicher, ob ich hier richtig bin«, setzte Ben an. »Mir wurde gesagt, ich könnte das hier bei Ihnen reparieren lassen.« Dabei holte er seinen alten Kompass hervor. Die Frau musterte ihn. »Das ist aber ein besonders schönes Exemplar«, stellte sie fest. Ben kräuselte die Stirn. »Darf ich?«, fragte sie höflich und nahm Ben im selben Moment den Kompass aus der Hand. Ein wenig unbehaglich sah er zu, wie sie ihn einer genauen Untersuchung unterzog. Nach wie vor zeigte er keine Richtung an, und doch fühlte Ben sich unwohl dabei, ihn überhaupt weggegeben zu haben.

»Ist das das Einzige, was dir aus deiner alten Welt geblieben ist?«, fragte sie plötzlich. Sie sah Ben ins Gesicht und konnte die Antwort darin ablesen. »Die Vergangenheit wiegt umso schwerer, wenn sie sich nur noch an einen Gegenstand klammern kann.« Ben sah sie verständnislos an und streckte seine Hand nach dem Kompass aus, als sie eine Frage hinterherschob, die ihn innehalten ließ: »Hast du denn hierauf schon eine Antwort gefunden?« Ben verstand nicht recht. Als er den Kompass wieder an sich nahm, bemerkte er, dass tatsächlich auf der Rückseite etwas eingraviert war, was er bislang vollkommen übersehen hatte. Mit großem Erstaunen las er, was dort stand. Fragend sah er die Frau an. Die nickte ihm aufmunternd zu: »Ich denke, dein kleiner Wegbegleiter braucht erst eine Antwort, bevor er dir wieder eine Richtung anzeigen kann.« Ben überlegte. Vermutlich hatte sie recht. Dann fragte er: »Wie finde ich diese Antwort?«

»Nun, viele Menschen, die in diese Stadt kommen, bringen wie du ihre Vergangenheit mit. Einige schaffen es, sie hier zu lassen.« Ihr Blick deutete auf die vielen Gegenstände in ihrem Laden. »Aber das nützt ihnen natürlich nichts. Denn das allein gibt ihnen ja noch keine neue Richtung.« Ben hörte aufmerksam zu. »Höre dich in der Stadt um. Es gibt hier viele Geschichten. Vielleicht findest du in einer von ihnen die richtige Antwort.« »Woher weiß ich, wenn ich die richtige Antwort gefunden habe?« Die Frau zeigte erneut ihr warmes Lächeln. »Dein Kompass wird es dir sagen.«

Als Ben wieder vor den Laden trat, sah er noch einmal das Schild über dem Eingang. Nun verstand er die Botschaft. *Wir können nichts reparieren. Wir verleihen den Dingen nur den richtigen Sinn.* Sein Kompass zeigte immer noch keine Richtung an. Dafür ging Ben nun die Frage nicht mehr aus dem Kopf, die auf seiner Rückseite eingraviert war: *Was führt dich?* Ben war fest entschlossen, in Ashnapur die Antwort darauf zu finden.

## Kapitel 21

Die Frau in dem Laden hatte Ben beim Hinausgehen noch ein Gasthaus genannt, in dem er Quartier nehmen konnte. Sie hatte erzählt, dass es beliebt sei bei den Fremden, die in diese Stadt kamen. Ben hatte nicht lange gebraucht, um es zu finden. Er bezog ein einfaches Zimmer im obersten Stock. Im Kellergeschoss befand sich ein Wirtshaus. Nicht nur die Besucher der Stadt kehrten dort gerne ein. Es war auch ein Treffpunkt für viele Bewohner von Ashnapur. Unten in der Wirtsstube kamen sie abends zusammen, um sich auszutauschen und Neues zu erfahren. Auf diese Weise lernten die Fremden viel über die Stadt Ashnapur, während die Stadtbewohner ihrerseits erfuhren, was die Besucher von ihren Reisen zu berichten hatten.

Ben schwirrte schon nach dem ersten Abend der Kopf von den vielen Geschichten, die er dort unten zu hören bekam. Es steckten so viele fremde Schicksale darin und die ganze Vielfalt des Lebens offenbarte sich in ihnen. So etwas kannte er von seinem Leben auf der

Insel überhaupt nicht. Während seine Tage dort so gut wie immer gleich gewesen waren, waren ihm in diesen Geschichten ausschließlich Menschen begegnet, die einer kontinuierlichen Veränderung ausgesetzt waren. Ben musste sich daran erst gewöhnen. Zunächst hatte er interessiert zugehört und die Fülle an verschiedenen Lebensverläufen bewundert. Aber da er es von seiner Insel kannte, Routinen zu etablieren, dauerte es nicht lange, bis er begann, nach wiederkehrenden Strukturen zu suchen. Nach einer Weile meinte er ein Muster auszumachen, dem alle diese Geschichten folgten: Was auch immer an Glück, Unglück, tragischen Ereignissen, Zufällen oder Verwerfungen in ihnen vorkam, im Laufe der Handlung veränderte sich die Situation, in der sich die Person, von der erzählt wurde, befand. Ben bemerkte, dass kein Schicksal von Dauer war, das konnte bitter, aber auch tröstlich sein. Phasen der Freude wurden abgelöst von Abschnitten, in denen die Menschen mit aussichtslos erscheinenden Situationen zu kämpfen hatten. Manchmal wurde ein schweres Schicksal alleine dadurch besser, dass sich derjenige, der es erlitt, damit auseinandersetzte und daran reifte. Daher blieb, selbst wenn die äußeren Umstände sich gar nicht veränderten, zumindest die handelnde Person nie ganz dieselbe, sondern passte sich den Lebensumständen an.

Ben begriff zum ersten Mal, was es mit dem Wesen der Veränderung auf sich hatte. Er verstand, dass der

Wandel, so unkalkulierbar er auch im Einzelnen sein mochte, doch gewissen Gesetzmäßigkeiten folgte. Vor allem aber zeigten ihm diese vielen Geschichten, dass sich Veränderungen auf zwei Ebenen abspielen konnten: im Äußeren und im Inneren.

Ben dachte an sein eigenes Leben. In der Zeit, die er auf der Insel verbracht hatte, war es ihm vorgekommen, als gäbe es so gut wie keine Änderung im Außen oder im Inneren. Als er aber von den vielen Schicksalen hörte, die das Leben bereithielt, begriff er, dass er sich auch mit seinen vielen Routinen und den immer selben Abläufen nicht ewig hätte gegen die Veränderung schützen können. Selbst wenn die Insel nicht dem Untergang geweiht gewesen wäre, glaubte er nun, dass sich früher oder später eine Veränderung in ihm selbst ergeben hätte. Vielleicht wäre er eines Tages aufgewacht und hätte den Drang verspürt, seinen Bruder zu suchen. Alleine dieser Wunsch hätte es vermocht, seine Welt zu verändern. Die Tage wären nicht mehr die gleichen gewesen. Ein Begehren hätte ihn beherrscht, das doch so scheinbar aus dem Nichts gekommen wäre und das er sich nicht hätte erklären können. *Nichts bleibt.* Anhand der Geschichten verstand Ben, was sein Bruder ihm hatte sagen wollen. War dessen Wahl, ein Abenteurer zu werden, klüger gewesen, weil er sich die Veränderungen im Leben auf diese Weise zunutze machen konnte?

Ben lernte aus diesen Geschichten an wenigen

Abenden eine Gesetzmäßigkeit kennen, die ihm bislang nicht bewusst gewesen war: dass die einzige Konstante in jedem Leben die Veränderung selbst war. Als wären die Menschen gezwungen, sich in ihrem Leben fortzubewegen, und taten sie es nicht selbst, so war es das Leben, das sie nicht stehen bleiben ließ. War es das, was er in dieser Stadt lernen sollte? Der Junge im Fluss hatte ihm doch gesagt, dass er etwas lernen müsse, das er auf der Insel nicht hatte lernen können.

Nach einem weiteren Abend in der Wirtsstube schleppte sich Ben müde die Treppe zu seinem Zimmer hoch. Er war erschöpft. Nicht nur von den Geschichten, von denen er auch bei diesem Besuch wieder viele gehört hatte, sondern auch von den zahlreichen Gedanken, die sie in ihm auslösten. Als er sein Zimmer betrat, brach bereits die Nacht herein. Ben wollte eigentlich nur noch in sein Bett, aber ihm kam ein wichtiger Gedanke. *Was führt dich?* Auf diese Frage hatte er in den vielen Geschichten nach einer Antwort gesucht. Aber alle handelten nur vom Wandel der Zeit. Ben jedoch interessierte sich für das Bewahren. Den Ort ohne Zeit wollte er finden, um der Veränderung zu trotzen. Vielleicht ging es daher gar nicht darum, was ihm die Leute mit ihren Geschichten erzählten. Viel eher schien es das zu sein, über das sie nicht sprachen. Über die Ausnahme vom ewigen Auf und Ab, um den Wandel in der Welt aufzuhalten. Falls eine solche existierte, so ließ sich aus ihr vielleicht herleiten, wie er den Ort ohne Zeit finden konnte, an dem es keine Veränderung gab. Verbarg sich der Weg nach *Damai* in einer weiteren Gesetzmäßigkeit des Universums, die er nur noch nicht zu erkennen vermochte? Die Macht, dem fortwährenden Wandel trotzen zu können, war möglicherweise genau das, was Ben im Leben führen sollte.

In diesem Moment verstand Ben plötzlich, dass das, was ihn zu einem Ort ohne Zeit führen würde, dasselbe sein musste, was den kontinuierlichen Wandel durchbrechen konnte. Nur damit würde sich ein Ort ohne Zeit überhaupt finden lassen. Ben kannte zwar noch nicht die Antwort, aber er verstand nun viel besser, wonach er suchen sollte: nach der Kraft, die ihn den Wandel der Zeit überwinden ließ.

Als wollte ihm das Leben sagen, dass er auf dem richtigen Weg war, sah Ben, wie sich an seinem Fenster etwas bewegte. Die Dunkelheit war dem Mond gewichen, der ein helles und klares Licht in sein Zimmer warf. Es erleuchtete etwas, das direkt vor seinem Fenster schwebte. Sein Kolibri war zurückgekehrt. Mit einer tiefen inneren Freude ging Ben auf das Fenster zu und öffnete es. Ruhig betrachtete er den kleinen Vogel. Dabei bemerkte er etwas. Er hatte nie darauf geachtet, wie dieses Tier es eigentlich vermochte, so regungslos in der Luft zu schweben. Ben versuchte seinem Flügelschlag mit den Augen zu folgen. Aber die

Bewegung war zu schnell, als dass Ben sie erfassen konnte. Er konzentrierte sich darauf, so gut er konnte, aber immer wieder entglitt der Schlag der beiden Flügel seinem Blick.

In Bens Vorstellung fing der Flügelschlag des Kolibris an, sich zu einem Symbol zu formen. Es war ein Zeichen, das dieselbe Gesetzmäßigkeit auszudrücken schien, nach der Ben suchte: die eine Ausnahme, die den Wandel durchbrach. Bei diesen Gedanken begann der Schlaf Ben zu überwältigen. Seine Lider wurden schwer. Mit aller Kraft konzentrierte er sich auf die Bewegungen des Vogels, die er einfach nicht erfassen

konnte. Bevor er erschöpft ins Bett fiel und ihn der Schlaf endgültig übermannte, versuchte er noch mit aller Macht sich einzuprägen, was ihm gerade klar geworden war: Im Flügelschlag des Kolibris lag die Antwort verborgen.

## Kapitel 22

Die Sonnenstrahlen, die durchs Fenster fielen, hatten Ben geweckt. Es war schon spät am Vormittag. Seit seiner Ankunft in Ashnapur hatte sich so viel Merkwürdiges zugetragen, das er immer noch nicht einordnen konnte. Da war zunächst das Trugbild seines Bruders in einer Brahmanenkutte, das ihm bei seiner ersten Ankunft in der Stadt begegnet war und danach nicht mehr auftauchte. Dann die freundliche Dame in dem seltsamen Geschäft, in dem Gegenstände zwar nicht repariert werden konnten, ihnen aber dafür ein neuer Sinn verliehen wurde. Und dann der Kompass mit der Frage: *Was führt dich?*

Erst wenige Tage waren seit diesen Ereignissen vergangen. Ben hatte den vielen Geschichten zugehört, die in der Stadt erzählt wurden. Er suchte in ihnen nach einer Antwort auf die Frage, die sein Kompass ihm stellte. Dann erinnerte er sich wieder an die Geschehnisse vom Vorabend. Die Kraft, die dem Wandel trotzen konnte, galt es zu finden. Ihr Symbol lag verborgen in dem Flügelschlag des Kolibris. Sogleich hielt er nach dem kleinen Vogel Ausschau. Aber vor dem Fenster war er nicht mehr zu entdecken. Ben sah nach draußen, doch sein Begleiter war wieder verschwunden. Dann blieb sein Blick an einer Gestalt hängen, die unten an einer Straßenecke stand. Sie fiel ihm auf, weil sie zu ihm hochzuschauen schien. Und da war noch etwas. Als er es realisierte, begann sein Herz zu klopfen. Der Mann trug eine Brahmanenkutte. Ben kniff die Augen zusammen in der Hoffnung, die Person, die dort stand, besser erkennen zu können. Dann gab es keinen Zweifel mehr. Er sah seinen Bruder.

Während er das letzte Mal noch vor diesem Bild weggelaufen war, stürzte Ben nun aus seinem Zimmer und rannte die Treppe hinunter. Wenige Sekunden später stand er vor dem Gasthaus auf der Straße, wo sich die Menschen drängten. Ben konnte gerade noch sehen, wie eine Mönchskutte hinter der Ecke verschwand, an der er von oben seinen Bruder ausgemacht hatte. Diesmal durfte er ihn nicht wieder verlieren. Ben schob sich in die Menschenmenge und kämpfte sich zu der Straßenecke vor. Tausend Gedanken jagten ihm durch den Kopf. Schon zum zweiten Mal, seit er in Ashnapur war, war ihm nun dieses Trugbild erschienen. Er musste sich ihm stellen. Sein Aufenthalt in dieser Stadt schien immer noch von seiner Vergangenheit überlagert zu sein, und Ben musste verstehen, woran das lag. *Sie wird die Zeit gegen dich ein-*

*setzen*. Ben war bewusst, dass ihn irgendetwas daran hinderte, auf seinem Weg voranzukommen.

Als Ben die Ecke erreicht hatte und in die nächste Straße einbog, fand er sich auf einer riesigen Allee wieder, die in das Zentrum der Stadt führte. Auf der Straße vor seinem Gasthaus waren bereits viele Menschen unterwegs gewesen, doch nun meinte er, die halbe Stadt vor sich zu haben, die zu Fuß, auf Wagen und Pferden auf dieses Zentrum zuströmte. Ebenso viele kamen Ben entgegen. Als fließe die Zeit in zwei Richtungen, dachte er noch bei sich und schüttelte den Gedanken gleich wieder ab. Er sah sich nach dem Mönch um und entdeckte ihn gerade noch rechtzeitig ein paar Hundert Meter die Allee hinunter. Ben bahnte sich einen Weg durch die Menge. Er drängte sich an voll beladenen Karren vorbei, die Pferde mühsam die Allee hochzogen, und kam nur langsam voran. Immer wieder hielt er Ausschau, um den Mann im Mönchsgewand nicht aus den Augen zu verlieren.

Fast die gesamte Allee hatte Ben auf diese Weise zurückgelegt, die ihn stolpern und Menschen anrempeln ließ. Ein, zwei Mal wäre er beinahe gestürzt. Diese Verfolgungsjagd war wie eine der vielen Geschichten aus dem Gasthaus, in denen die Menschen Hindernisse überwinden mussten, zu Fall kamen, sich wieder aufrichteten und dabei versuchten, ihr Ziel im Blick zu behalten. Die Veränderungen des Lebens waren für Ben jetzt so greifbar wie die Menschen, die sich auf der

Allee hin- und herschoben und ihn zum Ausweichen zwangen.

Plötzlich endete die breite Straße und um ihn herum löste sich das Gedränge auf. Menschen, Tiere und Karren verteilten sich über einen gewaltigen Platz. Imposant und alle Aufmerksamkeit auf sich ziehend, erhob sich an seiner Stirnseite ein riesiger Palast, an dessen Toren Männer postiert waren, die den Eingang bewachten. Ben stand wie angewurzelt da und war völlig gefangen genommen von dem Gebäude. So etwas Gewaltiges hatte er noch nie zuvor gesehen.

»Dort musst du hinein, um das Rätsel zu lösen«, vernahm er plötzlich eine Stimme neben sich. Erschrocken wandte Ben seinen Blick zur Seite und sah in das Gesicht des Brahmanenmönches, den er die ganze Zeit über verfolgt hatte. Ben musterte die Person, die neben ihm stand. Aber so sehr er auch versuchte, etwas zu finden, irgendeine Abweichung von dem Bekannten, einen Fehler, der dem Bild eine andere Bedeutung hätte geben können, so sehr musste er sich eingestehen, dass es nichts davon gab. Die Person neben ihm war eindeutig sein Bruder.

»Wie kannst du hier sein?«, fragte Ben den Mönch voller Zweifel. Dabei merkte er, wie bereits diese Frage einen Hauch von Akzeptanz in sich trug, gegen die er sich bei der ersten Begegnung noch gewehrt hatte. Der Mann in der Mönchskutte lächelte. »Das ist schwer zu verstehen, ich weiß.« Bens Bruder hielt einen Moment

inne. »Ich selbst habe lange gebraucht, um mich an den Gedanken zu gewöhnen. Noch immer bin ich nicht sicher, ob ich wirklich begreife, was mit mir geschehen ist.«

Ben schaute fragend den Brahmanen an. »Es ist vielleicht besser, wir suchen uns einen ruhigen Ort, wo wir darüber reden können.« Ben blickte noch einmal kurz zu dem Palast. Die Bemerkung seines vermeintlichen Bruders über das Rätsel und darüber, dass Ben es dort drinnen lösen müsse, würde er sicher nicht vergessen. Aber wichtiger war zunächst einmal zu verstehen, was es mit dieser Person auf sich hatte, die doch kein Trugbild zu sein schien und von der Ben immer noch nicht glauben konnte, dass sie wirklich sein Bruder war.

»Es ist immer noch schwer für mich, die Tatsache zu akzeptieren, dass wir uns auf diese Art begegnen können«, setzte sein Bruder nach und ging mit Ben langsam zu dem angrenzenden Park hinüber, in dem die Stadt ruhiger und friedlicher erschien. »Ich werde versuchen, dir alles in Ruhe zu erklären, damit du unsere Treffen als Teil der Realität annehmen kannst«, fügte er an. Dann schaute er ihn wieder mit demselben verschwörerischen Blick an, den er schon aufgesetzt hatte, als er auf der Insel von einem Ort ohne Zeit sprach, und fügte hinzu: »Es wird der Zeitpunkt kommen, da wirst du selbst es mir auch noch einmal erklären müssen.«

Ben war verwirrt. Aber er ahnte, dass es sich bei dieser Bemerkung diesmal wohl nicht um eine bloße Metapher handelte.

# Kapitel 23

Max war lange am Fluss entlanggewandert, so wie der Junge es ihm geraten hatte. Er hatte versucht, nicht zu denken, aber das war ihm schwergefallen. Zwischendurch hatte das gleichmäßige Fließen des Gewässers geholfen. Es hatte eine meditative Wirkung auf ihn. Doch immer wieder rissen ihn Gedanken aus der Versenkung, in die das Rauschen des Flusses ihn entgleiten ließ.

*Wer war er bloß?* Max. Diese drei Buchstaben, die er aus dem Feuerkelch mitgenommen hatte, schienen gerade alles zu sein, was das Leben ihm gelassen hatte. Er begriff nicht, was mit ihm geschehen war. Er blickte an sich herab und musterte das Mönchsgewand, das er trug. Es gehörte zu einer Zeit, zu der er keinen Zugang mehr hatte, und war ihm ganz und gar fremd. So übersah er auch den Gegenstand, der immer noch in seiner Tasche steckte und der ihm hätte helfen können, sich zu erinnern.

Mehr mechanisch als aus freiem Willen ging Max den Fluss entlang. Jeder Schritt fühlte sich an wie bereits gegangen. Und langsam kamen ihm Bruchstücke seiner Erinnerungen in den Sinn: dass er schon einmal diesen Fluss entlanggewandert war, nur in umgekehrter Richtung. Mit jedem Meter, den er zurücklegte, stand ihm nun wieder vor Augen, wie er in seinem früheren Leben dieses Tal bereits durchschritten hatte. Aber darauf blieb seine Erkenntnis auch begrenzt, er konnte nicht darüber hinausblicken.

Als er zu einer mächtigen Eiche kam, fiel ihm ein, wie er einst eine Weile in ihrem Schutz gelebt hatte. Der Fluss, der sich an dieser Stelle teilte, folgte von da an keiner klaren Richtung mehr. Es gab zu viele Nebenarme, an denen Max hätte entlanglaufen können. Er ließ sich im Schatten des Baumes nieder und beschloss, an diesem Ort zu bleiben. Der Fluss spendete das nötige Wasser. Tagsüber sammelte er Wurzeln und Beeren. Manchmal fing er einen Hasen oder erlegte ein anderes Tier, das er sich schmecken ließ. So verbrachte er einige Tage und wartete auf die nächsten Erinnerungen, die die Zeit ihm zurückbringen würde.

Als er eines Morgens vom Wasserholen zu dem alten Baum zurückkam, entdeckte er im hellen Sonnenlicht plötzlich eine Inschrift, die er bis dahin übersehen hatte. Jemand hatte einige Worte in den Stamm geritzt. In dem Moment, in dem Max sie entzifferte, erinnerte er sich, dass sie von ihm stammten. *Erkenne dich selbst.* In einer altertümlichen Schrift waren diese drei Worte in die Rinde geschnitten.

»Darf ich mich zu dir setzen?«, hörte Max plötzlich eine Stimme. Er drehte sich um. Hinter ihm stand ein junger Mann, der die gleiche Brahmanenkutte trug wie er. Äußerlich schien er ihm ähnlich zu sein, aber Max spürte deutlich, dass es im Inneren ein ganz anderer Mensch war. Er nickte dem Mönch freundlich zu und sie ließen sich an dem Lager vor der Eiche nieder, das Max errichtet hatte. Eine Weile betrachteten sie schweigend den Fluss und die vielen Richtungen, die er von hier aus nahm. Max erinnerte sich, dass er diese Szene schon einmal erlebt hatte, und wusste, dass es richtig war, einfach so dazusitzen und zu warten. Dann tauchte ein Satz in seiner Erinnerung auf, und er hörte sich ihn auch schon aussprechen: »Erzähl mir deine Geschichte. Welcher Abzweigung des Flusses bist du in diesem Tal gefolgt?«

Der fremde Mann lächelte. »Ich hatte viel Glück in meinem Leben. Einst kam ich als junger Abenteurer nach Ashnapur. Wie alle, die als Fremde in diese Stadt gelangen, hörte ich irgendwann von einem großen Rätsel. Der König der Stadt suchte seit Jahren wie besessen nach der Lösung und versprach demjenigen, der ihm dazu verhelfen würde, eine hohe Belohnung.«

Max hörte aufmerksam zu. Erinnerungen stiegen in ihm auf. Was der Mönch ihm erzählte, klang sehr vertraut.

»Was ist dann passiert?«, wollte Max wissen. »Hast du die Lösung des Rätsels finden können?« Max hoffte, mehr über das Rätsel zu erfahren. Er glaubte sich zu erinnern, dass es auch in seiner Vergangenheit eine Rolle gespielt hatte. Er wollte Genaueres über die Umstände hören, um seiner Erinnerung auf die Sprünge zu helfen. In seinem Kopf entstanden schemenhaft die ersten farbenfrohen Bilder an eine Zeit, die auch er in der Stadt Ashnapur verbracht hatte. Doch dann wurde er enttäuscht. »Nein, ich konnte es nicht lösen«, antwortete der Fremde, »aber zum Glück fand ich in dem Rätsel etwas anderes.« Max merkte, wie bei diesem Satz die Erinnerung an seine Vergangenheit nachließ. Die Bilder in seinem Kopf verblassten augenblicklich. Er hörte kaum noch, was der Mann ihm erzählte.

»In dem Rätsel ging es um einen Gegenstand, mit dem sich unvorstellbarer Reichtum erlangen ließ. Aber der Gegenstand war auch Teil eines Spiels. Die Suche nach der Lösung hatte den König so in den Bann gezogen, dass er nur das Gold vor Augen hatte. Für das Spiel, das sich mit dem Gegenstand spielen ließ, zeigte er hingegen kein Interesse.«

Max schaute den Mönch an. Mit einem Mal war er ihm auch äußerlich vollkommen fremd geworden. Als führte die Erinnerung, die dieser Mann mitbrachte, in ein anderes Leben, das nie seins gewesen war. Ohne jedes Interesse folgte Max nun dem, was der junge Mann in der Brahmanenkutte ihm mit großer Begeisterung erzählte. »Also habe ich versucht, das Spiel selbst zu erforschen, und bin schließlich fündig geworden. Anstatt meine Zeit mit der Lösung des Rätsels zu vergeuden, konzentrierte ich mich voll darauf, das Spiel zu erlernen, das als eines der feinsten der ganzen Welt gerühmt wird.« Nicht einmal diese Bemerkung vermochte es, in Max Resonanz zu erzeugen. »Obwohl es als ein königliches Spiel gilt, war es am Ende nicht der König, der ein Meister darin wurde, sondern ich.« Freudestrahlend sah ihn der Fremde an. Dann wandte er sich um und suchte in einem der Beutel, die er mit sich führte, nach einem Gegenstand. Bei diesem Anblick fiel Max ein, dass er selbst etwas besaß, das ihm helfen würde, sich wieder an seine Herkunft zu erinnern. Etwas nervös tastete er seine Taschen ab und stellte schließlich beruhigt fest, dass er den kleinen Gegenstand noch immer bei sich trug.

Der fremde Mann in der Brahmanenkutte hatte unterdessen gefunden, wonach er gesucht hatte. Es waren ein gemustertes Brett und eine Reihe von Figuren. Ungläubig verfolgte Max, wie der Mann die Figuren auf die Felder verteilte. Der Brahmane hatte ein Schachspiel aufgebaut. Eine ferne Erinnerung erwachte in Max. Nun fiel ihm wieder ein, dass es sich bei dem Gegenstand in dem Rätsel um ein Schachbrett gehandelt hatte.

»Wollen wir eine Partie spielen?« Max betrachtete das Spielbrett und überlegte. Dann richtete er seinen Blick auf den Fremden und sagte: »Tut mir leid, davon verstehe ich leider nichts.« Der Mönch schaute zunächst etwas verwundert. Dann aber sah er den Satz, der in die Eichenrinde eingeritzt war. *Erkenne dich selbst.* »Nun«, setzte der Fremde an, »es ist doch schon einmal gut zu wissen, wer man nicht ist.« Daraufhin erhob er sich, packte seine Sachen zusammen und wandte sich dem Fluss zu. »Ich suche schon lange nach dem Weg, der in die Berge führt.« Er blickte noch einmal zu Max. »Dort soll sich die Ewigkeit erreichen lassen.« Max schaute ihn schweigend an. »Aber weißt du, wenn ich dieses Spiel spiele, scheint es mir, als hätte ich diese Berge bereits gefunden.« Mit diesen Worten machte er sich auf, nahm wahllos eine der Abzweigungen und war alsbald verschwunden.

*Ob sich die Berge auf diesem Weg wirklich erreichen lassen?*, dachte Max noch bei sich. Aber dann sah er bereits die nächste Gestalt von einer der vielen anderen Abzweigungen des Flusses auf sich und sein Lager zukommen. Schon aus der Ferne bemerkte er, dass es wieder ein Mönch war, der sich ihm näherte. Max hoffte, er würde ihm diesmal nicht nur äußerlich ähnlich sein.

## Kapitel 24

Der zweite Mönch, der sich an der alten Eiche niederließ, war nicht die letzte Begegnung mit einem Brahmanen, die Max an diesem Ort hatte. Viele weitere sollten folgen. Max verstand es allmählich. *Erkenne dich selbst.* Es war ihm, als ob der Fluss ihm die vielen Verläufe zeigen wollte, die sein Leben hätte nehmen können. Würde er sich an sein richtiges Leben erst in dem Moment erinnern können, wenn er sich selbst in einem der Mönche wiedererkannte?

Ein Brahmane nach dem anderen suchte Max unter der alten Eiche auf. Im Laufe der Zeit waren es nicht nur Männer, sondern auch Frauen, die zu ihm kamen. Manche waren alt, manche waren jung. Sie alle erzählten von ihren unterschiedlichen Wegen, die sie von der großen Stadt Ashnapur hierhergeführt hatten. Allen gemein war das Rätsel, von dem schon der erste Mönch gesprochen hatte. Als ob es die Aufgabe eines jeden Menschen gewesen wäre, das Rätsel zu lösen, bevor er sich auf den Weg machen konnte, hatte es sie allesamt eine Zeit lang in der Stadt gefangen gehalten.

Zwar hatte keiner die richtige Antwort gefunden, aber sie hatten auf ihre Weise gelernt, mit dem Rätsel und den Herausforderungen, die es an sie stellte, umzugehen.

Max lernte Mönche kennen, die sich wegen des Rätsels der Gerechtigkeit verschrieben hatten. Der Umgang des Königs mit denjenigen, die ihm falsche Antworten brachten, schien der Grund dafür zu sein. Sie hatten die alten Schriften und Gesetze studiert, um sie auf ihrem weiteren Weg anzuwenden. So wurden manche zu Richtern, andere zu Lehrern, die im ganzen Land ihr Wissen weitertrugen. Unzählige Lebenswege ergaben sich aus der Auseinandersetzung mit dem Rätsel des Königs.

Einige Mönche berichteten auch von schweren Schicksalen. Ihnen war gemein, dass sie das Rätsel letztlich ignorierten, weil sie es nicht zu lösen vermochten. Sie strebten wahllos eine Tätigkeit an, einzig und allein, weil sie gezwungen waren, ihr Brot zu verdienen. Einige unter ihnen fanden am Ende dennoch ihr kleines Glück darin.

Max lernte viel durch diese Begegnungen. Mit jeder Person, die sich bei ihm an der Eiche niederließ, staunte er mehr über die Vielfalt der Welt. Die einzelnen Abzweigungen des Flusses schienen sich mit Schicksalen zu füllen, und er meinte schon bald, jeder Verästelung bestimmte Geschichten zuordnen zu können.

Nur bei der Suche nach seinem eigenen Leben schienen ihn diese Geschichten nicht voranzubringen. Max begann, die Sinnhaftigkeit dieser Begegnungen infrage zu stellen. Der Junge, den er vor vielen Tagen in dem Fluss gesehen hatte, hatte ihm gesagt, er solle in diesem Tal nach seiner Herkunft suchen. *Folge mir in die große Ebene. Dort erhältst du vielleicht eine erste Antwort.* Nun war Max sich nicht mehr sicher, ob das ein guter Rat gewesen war. Hatte er vielleicht etwas übersehen in den vielen Schicksalen, die ihm hier begegnet waren? Oder war es das Rätsel selbst, das er lösen musste? Zumindest hatten alle, mit denen er am Lager gesessen hatte, es versucht, bevor sich ihnen ihr Lebenspfad erschlossen hatte. Da fiel Max auf, dass keiner der vielen Mönche ihm erzählt hatte, worum es in diesem Rätsel überhaupt ging. Er wunderte sich darüber, dass er nicht danach gefragt hatte. Die Schicksale, die sich in Folge des Rätsels ergeben hatten, hatten ihn viel mehr interessiert. *Wie soll ich ein Rätsel lösen, das ich nicht einmal kenne?*

»Du musst das Rätsel kennen. Denn du hast mir dabei geholfen, es zu lösen«, hörte er plötzlich eine Stimme sagen. Max musste seine letzten Gedanken laut vor sich hin gesprochen haben, denn der Mönch, der sich diesmal bei ihm niederließ, war wie selbstverständlich auf seine letzte Bemerkung eingegangen. Max wollte ihm erst keine weitere Beachtung schenken. Obwohl er der Erste war, der von der Lösung des

Rätsels sprach, war Max müde geworden von den vielen Begegnungen, die ihm dieser Platz am Fluss beschert hatte. Er vermutete, dass auch diese Person nur wieder eine weitere Variante des Schicksals zeigte, das nicht seines war. Dann aber sah er den Unterschied. Als er bemerkte, was an diesem Mönch anders war, tastete er nach seinem kleinen Gegenstand in der Tasche, um sicherzugehen, dass er nicht träumte. Neben dem Mönch, der ihm nun gegenübersaß, schwebte ein Kolibri.

Dieser kleine Vogel brachte eine gewaltige Erinnerung in Max hervor. Bis weit in seine Kindheit reichten die Bilder, die in ihm aufstiegen. Ein Junge schaute in einen Fluss. In dem Bild im Wasser tauchte ein Kolibri auf. Er hörte seinen Vater, wie er zu Hause erklärte, dass einzig und alleine diese Vögel unbeweglich in der Luft stehen konnten. Der Kolibri sei ein Symbol, um dem Wandel zu trotzen.

In einem Bruchteil von Sekunden kamen alle Erinnerungen zurück, die tief in sein innerstes Selbst führten. Er sah sich als Kind am Strand spielen. Die unbändige Freude, wenn die Burgen im Sand vom Meer verschlungen wurden, stieg wieder in ihm auf. Auf seiner Haut spürte er den Wind der Steilküste und roch den Duft der Wiesen vor ihrem Haus. Max sah sich in jungen Jahren als Abenteurer aufbrechen und zurückkehren, um von den Eltern Abschied zu nehmen. In einem einzigen kurzen Augenblick spielte sich sein ganzes Leben vor ihm ab. Zu schnell, um alles zu erfassen oder zu behalten. Und wie ein flüchtiges Gefühl, dem keine Dauer beschieden sein konnte, war es in der nächsten Sekunde auch schon wieder verschwunden. Aber in den Augen dieses Mönches mit dem Kolibri erkannte Max ganz klar, wen er vor sich sah. Nichts auf dieser Welt konnte ihm diese Erinnerung wieder nehmen. »Ben«, hörte sich Max auf einmal sagen. Vor ihm saß sein Bruder.

»Ich hatte gehofft, du würdest mich gleich erkennen.« Ben sagte es mit einer ruhigen Stimme, die Max so gar nicht von ihm kannte. Sein Bruder war gereift. Er war nicht mehr derselbe junge Mann, den er auf der Insel zurückgelassen hatte und der ihren Untergang verleugnete. Der Ben, der vor ihm stand, hatte sich verändert.

»Was ist mit uns geschehen?«, fragte Max, als ihm bewusst wurde, dass sein Bruder in die gleiche Brahmanenkutte gekleidet war, die er selbst trug. »Es ist etwas, das nur schwer zu begreifen ist«, sagte Ben mit einem Gesicht, aus dem Zuversicht sprach. »Aber da du es mir selbst erklärt hast, wirst du es wohl am Ende zumindest als Wahrheit akzeptieren.« Dann begann Ben, Max dieselbe Geschichte zu erzählen, die er vor vielen Wochen im Park neben dem Palast in Ashnapur selbst von ihm gehört hatte und damals einfach nicht hatte glauben wollen.

## Kapitel 25

»Die Zeit führt dich in die Vergangenheit?« Ben blickte seinen Bruder ungläubig an. Er saß mit ihm in dem Park, der sich gleich hinter dem Palast in einer schier unendlichen Länge durch die gesamte Stadt Ashnapur ausdehnte. Er konnte nicht glauben, was er gerade gehört hatte. Die Brüder hatten sich einen ruhigen Platz gesucht. Ben war sich noch immer sicher, dass sein Verstand ihm einen Streich spielte. Wahrscheinlich hatten die vielen Geschichten, die er in den letzten Tagen gehört hatte, seine Fantasie beflügelt und letztlich überschießen lassen. Erzeugte sein Verstand aus den Erzählungen und den vielen Ereignissen, die er in so kurzer Zeit erlebt hatte, eine Scheinwelt, in die er sich flüchten konnte, um die Veränderung seines Lebens nicht akzeptieren zu müssen? *Sie wird die Zeit gegen dich einsetzen.* Aus diesem wirren Satz des alten Fährmannes zimmerte sich Ben eine absurde Erklärung zusammen, um sich das Trugbild seines Bruders zu erklären, das er nicht mehr loswurde.

»Sagen wir lieber, dass du mir immer wieder auf

meiner Reise begegnest. Und unsere zeitliche Wahrnehmung verläuft dabei in umgekehrter Richtung.« Ben dachte über diese Bemerkung seines Bruders nach. Es widerstrebte ihm eigentlich, sich auf ein Gedankenspiel einzulassen, das aus der Verirrung seines Verstandes kam. Andererseits bot es ihm vielleicht die Möglichkeit, mit der Situation besser umzugehen. »Soll das bedeuten, dass unsere Zusammentreffen, die für mich schon vergangen sind, für dich in der Zukunft liegen?« Ben musste an seine Insel denken. Wenn die Zeit seinen Bruder in die Vergangenheit führte, würde er irgendwann von Ashnapur dorthin aufbrechen. Sein Bruder nickte. Ben kannte das Schicksal, das seinem Bruder auf der Insel bevorstand. Kurz sah er im Geist die Steilküste zusammenstürzen. Ben verdrängte das Bild. Er musste nachdenken. Nach einem Zögern fragte er: »Wenn ich dich umgekehrt noch einmal in meiner Zukunft treffen werde, hast du diese Begegnung dann bereits erlebt?« Wieder nickte Max. »Ja, wenn du irgendwann diese Stadt verlässt, werden wir uns noch einmal am Fluss unter einer alten Eiche in dem Tal sehen. Dort hast du mir genau das gesagt, was ich dir gerade erklärt habe.«

Ben versuchte diese Erläuterung besser zu verstehen. Bislang hatte er geglaubt, seine Gedanken zeigten ihm seinen Bruder, von dem er sich nicht lösen konnte. Aber nun schienen sie mehr mit seinem Geist zu machen. *Bestimmen Gedanken an Vergangenes, die wir in der Gegenwart mit uns herumtragen, am Ende unsere Zukunft?* Entwarf seine Fantasie jetzt auch noch eine Aussicht auf bevorstehende Ereignisse? Ben versuchte in Worte zu fassen, was ihm durch den Kopf ging. »Wenn ich dich dort draußen in dem Tal sehe, wirst du selbst noch nichts über unser Treffen hier in der Stadt wissen, weil es für dich erst noch stattfinden wird?« Max nickte erneut. »Ich habe auch etwas gebraucht, um es zu verstehen, aber genauso scheint es sich zu verhalten.«

Was für eine paradoxe Vorstellung. Doch etwas in Ben ahnte, dass er die Gedanken an seinen Bruder auch in Zukunft nicht loswerden würde, wenn er nicht lernte, mit seinem Tod umzugehen. Auch wenn er sich sagte, dass sein Verstand einfach nur versuchte, gegen die Akzeptanz der schlimmsten aller Veränderungen in seinem Leben anzukämpfen. Er konnte seinen Bruder einfach nicht gehen lassen. Ben blickte zu einem der hohen Türme des Palastes, die von dem Park aus zu sehen waren. Ein Lachen ertönte. In seinem Kopf kam dieser Turm plötzlich ins Rutschen. Er brach seitlich ab und stürzte in die Tiefe. Kurz darauf sah Ben vor seinem inneren Auge das Haus, das mitsamt seinem Bruder die Steilküste hinabrauschte. Er schloss die Augen. *Das ist nicht real.* Als er die Augen wieder öffnete, ragte der Turm des Palastes unverändert hinter den grünen Bäumen des Parks hervor. Sein Geist kämpfte gegen die Realität an. Aber der Brahmanenmönch saß immer noch neben ihm. Ben sah seinen Bruder an und überlegte.

Er hatte sich auf dieses Trugbild eingelassen. Vielleicht brauchte er es, bevor er davon loskommen konnte. Sollte er sich mit den Gedanken, die sein Unterbewusstsein ihm unterbreitete, auseinandersetzen? Vielleicht würde es ihm auf seinem Weg helfen, auch wenn ihm noch nicht klar war, auf welche Weise. »Wie oft werden wir uns noch sehen?«, wollte Ben wissen. Sein Bruder lächelte. »Draußen vor der Stadt an der alten Eiche war es für mich das erste Mal. Dank dieser Begegnung habe ich mich überhaupt erst an dich erinnert. Das zweite Mal bietet uns gerade diese Stadt die Möglichkeit.« Dann hielt Max inne. Ben spürte eine leichte Beklemmung in sich aufsteigen. Alles in ihm wehrte sich. Aber sein Bruder sah ihn eindringlich an, als wolle er ihn unausweichlich mit dem Schmerz konfrontieren, den Ben in sich unterdrückte: »Nach dem, was du mir im Tal erzählt hast, wird es auch noch eine dritte Begegnung auf der Insel geben. Für dich hat sie schon stattgefunden. Ich hingegen werde sie erst noch erleben.« *Erleben.* Ben zuckte zusammen. Für eine Sekunde blitzte in seinen Gedanken wieder das Haus auf. In tausend Splitter zerschlagen, stürzte es mitsamt der Steilküste ins Meer.

Unsicher sah Ben seinen Bruder an. Was wusste er über dieses dritte Treffen? Max spürte diese Frage. Ruhig ging er auf sie ein. »Du wolltest mir im Tal nicht erzählen, was bei dieser Begegnung passiert ist. Aber sie muss etwas in dir verändert haben.« Max sah ihm sanft in die Augen. »Immerhin hat sie dich hierher geführt. Nach allem, was ich inzwischen wieder über dich weiß, muss es etwas sehr Bedeutungsvolles gewesen sein, wenn es dich dazu gebracht hat, deine geliebte Insel zu verlassen.« Dann lächelte er. Ben fand kurz etwas Trost in diesem Lächeln. Wollte sein Verstand ihm vor Augen führen, dass in jedem noch so schweren Schicksalsschlag eine positive Wendung liegen konnte, wenn man nur lange genug danach suchte? Schnell wischte er diese Überlegung weg. Wie konnte der Tod seines Bruders etwas Gutes haben? Scham stieg in Ben auf.

*Du bist nicht real*, dachte Ben, als er auf seinen Bruder blickte. Er verspürte eine Mischung aus Wut, Traurigkeit und Unverständnis sich selbst gegenüber. Aber das Trugbild verschwand nicht. Hinter ihm sah Ben wieder die Türme des Palastes. Ihm fiel die Bemerkung ein, die sein Bruder auf dem großen Platz gemacht hatte. *Dort musst du hinein, um das Rätsel zu lösen.*

Max bemerkte seinen Blick. Er sah die vielen Fragen in Bens Gesicht. Dann verstand er. »Du weißt noch gar nicht, um welches Rätsel es sich handelt?« Bevor Ben antworten konnte, fuhr sein Bruder schon fort: »Dann hat er es dir noch nicht erzählt?« Ben schaute verständnislos. Wovon sprach sein Bruder? »Aber ich habe dich die letzten Tage doch beobachtet. So oft, wie du an den Abenden im Gasthaus warst, musst du davon gehört haben.« Ben dachte nach. Hatte er irgendetwas in den Geschichten übersehen? »Du hast mir im Tal gesagt, der Wirt hätte dich gleich an einem der ersten Abende in das Rätsel von Ashnapur eingeweiht.« Ben glaubte nicht richtig zu hören. Konnte ihm diese Schimäre Dinge vorhersagen, die noch nicht passiert waren? Erschrocken machte er einen Satz und stand neben der Bank, auf der sein Bruder immer noch ruhig und friedlich saß. Ihm wurde unheimlich zumute. Er hatte schon genug mit der Vergangenheit zu kämpfen. Seine Gedanken sollten daraus nicht auch noch seine Zukunft spinnen. Ben merkte, dass es ihm nicht guttat, sich so lange auf die Illusion von seinem Bruder einzulassen. Rasch wandte er sich ab und verließ, so schnell er konnte, diesen Ort, an den sein Bruder ihn geführt hatte.

»Sag mir, was dich bei unserem Treffen auf der Insel so verändert hat!«, hörte er die Stimme seines Bruders hinter sich rufen. Ben war, als wollte irgendetwas in seinem Kopf ihn zwingen, laut auszusprechen, was auf der Insel geschehen war. Er wusste sich nicht zu helfen. Er rannte. Immer lauter rief die Stimme ihm nach: »Du hast mir im Tal versprochen, dass du mir in der Stadt davon erzählst.« Bei diesem letzten Satz ahnte Ben bereits, dass das nicht die letzte Begegnung mit seinem Bruder in Ashnapur gewesen war.

## Kapitel 26

Ben taumelte durch Ashnapur. Fluchtartig hatte er den Park verlassen und sich noch ein paar Mal umgeblickt, ob ihm der Brahmanenmönch gefolgt war. Erleichtert stellte er fest, dass es sich nicht so verhielt. Auch die Stimme in seinem Kopf war verschwunden. Ben war wieder alleine. Das Trugbild war nicht mehr zu sehen. Langsam fing er an, sich zu beruhigen.

Als Ben auf den Platz kam, der vor dem Palast lag, begann er darüber nachzudenken, was er eben erlebt hatte. Die Zeit, in der sein Bruder ihm erschien, führte in die Vergangenheit zu den Ereignissen auf der Felsenfestung, die sich vor Bens Ankunft in Ashnapur abgespielt hatten. *Was hat dich bei unserem Treffen auf der Insel so verändert?* Die Frage seines Bruders hallte immer noch wie ein Echo in Bens Kopf nach. Der Steilhang, das Haus, alles rutschte wieder ins Meer. Ben wurde das Bild vor seinem inneren Auge nicht los.

Er wünschte sich sehnlichst, er wäre wieder mit seinem Bruder zusammen auf der Insel. Er malte sich aus, wie er im entscheidenden Moment das Buch, das sein Bruder noch aus dem Haus holen wollte, in dessen Seesack stecken würde. Max hätte dann nicht danach gesucht. Sein Bruder und er wären unten am Strand auf das Fischerboot gestiegen und in ihr gemeinsames Abenteuer gesegelt. *Stellen wir uns nach Schicksalsschlägen immer vor, wie wir noch einmal in der Zeit zurückgehen und die unliebsamen Veränderungen des Lebens rückgängig machen?* Ben wusste, dass sein Verstand nur nach einem Weg suchte, das Erlebte ungeschehen zu machen. Einen Ausweg zu suchen, damit er sich selbst vergeben konnte. Und so oft er schon an diese Szene gedacht hatte, nun gestand er sich ein, was er zuvor nie zu denken gewagt hatte: Die Schuld an dem Tod seines Bruders trug ganz allein er. Schlimmer noch, sein Hang zum Bewahren, manifestiert in einem Buch, das seinen Platz in einem wohlsortierten Regal nicht verlassen durfte, hatte Max, der bislang noch jedes Abenteuer erfolgreich bestanden hatte, ins Verderben gerissen.

Da begriff Ben allmählich, was sein Verstand ihm sagen wollte. So sehr wir es uns auch wünschen, wir können die Vergangenheit nicht mehr ändern. Die Zeit fließt nur in eine Richtung. Wenn wir uns dagegen stellen, senden wir nur unsere Gedanken zurück. Sie halten uns dann in dieser Welt gefangen, die es doch nicht mehr gibt. Wir tragen unser altes Leben an jeden Ort, an den wir gehen. So kommen wir niemals irgendwo neu an, weil wir im Geiste dort bleiben, wo wir schon lange nicht mehr sein können. Ben schluckte. Es war besser, diesen Umstand zu akzeptieren. Mit allem anderen betrog man sich nur selbst und erschuf sich eine Scheinwelt. Ben spürte, dass es gefährlich sein würde, sich in alten Gedanken zu verlieren. Wer dabei nicht aufpasste, machte sie schließlich zu seiner Realität, aus der er nicht mehr zurückfinden konnte.

»Hat man dir in dem Geschäft helfen können?« Eine Stimme holte Ben aus der Versenkung. Auf seinem Rückweg über die große Allee hatte er die vielen Marktstände dort gar nicht bemerkt. Den Mann erkannte Ben jedoch sofort. Es war der Händler, der ihn auf seinen Kompass angesprochen hatte. »Funktioniert dein Kompass wieder?« Ben wollte gerade antworten, doch dann hielt er inne. Er hatte nicht mehr auf den Kompass geschaut, seit er das wunderliche Geschäft der alten Dame verlassen hatte. Viel war seitdem passiert. Ben verspürte den Drang, wieder einen Blick auf ihn zu werfen, und holte den Kompass hervor. Staunend betrachtete er das Gerät. »Ich habe ja gesagt, die Frau in dem Geschäft versteht es, die Dinge wieder in Ordnung zu bringen«, sagte der Händler zufrieden. Die Nadel zeigte tatsächlich in eine bestimmte Richtung. Als Ben mit seinem Blick dem Ausschlag folgte, durchfuhr ihn ein leichter Schauer. Der Kompass wies klar und deutlich in Richtung des Palastes. *Dort musst du hineingehen, um das Rätsel zu lösen.*

Wie konnte das sein? Ben suchte nach einer Erklärung. Die Frau in dem Geschäft hatte ihn auf die Gravur hingewiesen, wonach Ben sich überlegen solle, was ihn auf seinem Weg führte. Repariert hatte sie den Kompass nicht. Die Nadel würde sich wohl kaum an einem Trugbild orientieren, das ihm sagte, er müsse in den Palast gehen, um das Rätsel zu lösen. Ben merkte, wie sehr ihn diese Erscheinung bereits verwirrte. Er versuchte, sich zusammenzunehmen. Natürlich gab es eine ganz einfache Erklärung. Wahrscheinlich hatte bei seinem Sturz vor der Stadt nur irgendetwas die Nadel des Kompasses verklemmt und sich nach einer Weile zufällig wieder von selbst gelöst. Ben überlegte. Das passierte also, wenn man den Gedanken einen zu großen Raum gab. Sie absorbierten jede natürliche Erklärung und reklamierten selbst noch den Zufall für sich. Sein Bruder und dessen Hinweis auf den Palast hatten sicherlich keine Wirkung auf den Kompass. Dennoch fragte sich Ben, warum die Nadel gerade in diese Richtung wies.

Er dankte dem Händler und machte sich wieder auf den Weg zu seinem Gasthaus. Sollte der Kompass tatsächlich etwas mit dem Rätsel zu tun haben, das er immer noch nicht kannte? Der Wirt würde ihm davon erzählen, das hatte die Erscheinung seines Bruders behauptet. Ben war immer gerne unten im Wirtskeller gewesen, seit er vor Tagen in Ashnapur angekommen war. Aber nach den Ereignissen des heutigen Tages war ihm etwas seltsam zumute, als er an diesem Abend hinab in die Gaststube ging. Was wäre, wenn er tatsächlich von dem Wirt die Geschichte des Rätsels hören würde? Kurz hatte er überlegt, ob er besser auf einen Besuch verzichten sollte, aber das wäre für Ben das Eingeständnis gewesen, dass er tatsächlich etwas auf die Begegnung mit seinem Bruder gab und anfing, die Dinge zu glauben, die seine Gedanken ihm vorspiegelten. Also nahm er sich zusammen und ging wie immer in die Gaststube.

»Da bist du ja endlich«, hörte er eine laute Stimme durch den Raum schallen. Ben wurde mulmig, als er sah, wer ihn im Gastkeller so überschwänglich begrüßte. Mit weichen Knien ging er langsam auf den langen Tresen zu, der am anderen Ende des Raumes war. Es waren bereits einige Gäste da, aber kaum jemand hatte von der Begrüßung Notiz genommen. Als Ben sich auf einem der Hocker niederließ, beugte sich der Wirt verschwörerisch zu ihm über den Tresen. »Habe ich dir eigentlich schon einmal meine Lieblingsgeschichte über diese Stadt erzählt?« Ben wagte in seiner Beklemmung nicht darauf zu antworten. Ihn schauderte es schon bei den ersten Sätzen. Die Geschichte handelte tatsächlich von dem Rätsel, das jeden in dieser Stadt gefangen hielt.

## Kapitel 27

Es war die große Sage von Ashnapur, wie alle die Geschichte nannten, die Ben an diesem Abend zu hören bekam. Der Wirt war für seine abenteuerlichen Erzählungen bekannt, hatte aber die ersten Male Ben nie sonderlich viel Beachtung geschenkt. Auf einmal schien er jedoch ebenso freundlich wie redselig zu sein. »Willst du wissen, was der wahre Grund für die Existenz dieser Stadt ist?«, hatte er Ben zugeraunt. Dabei setzte er einen bedeutungsvollen Blick auf. Ben erstarrte. Er betete, dass sich nicht gleich das erfüllen würde, was die Erscheinung seines Bruders ihm vorausgesagt hatte. Aber die Geschichte, die der Wirt ihm erzählte, handelte tatsächlich von dem großen Rätsel dieser Stadt.

Der Sage nach bestimmte eine unerfüllte Liebe zwischen einer Prinzessin und einem König, der vor langer Zeit einmal an diesem Ort geherrscht hatte, bis zum heutigen Tag das Schicksal von Ashnapur und seinen Bewohnern. Der König war ein gebildeter Mann. Neben zahlreichen Bibliotheken, die den Überlieferungen nach die größte Büchersammlung der damaligen Welt beherbergten, besaß er auch ein antikes Schachbrett. Trotz seiner hohen Bildung verstand er nichts von dem Spiel. Denn es gab etwas, das ihn noch mehr auszeichnete als Wissen und Verstand: Habgier und sein Streben nach Macht. Sein Interesse an dem kunstvollen Brett wurde erst geweckt, als er in einem seiner Bücher von der Reiskornlegende las. Ihr zufolge verdoppelte sich ein einziges Korn auf dem Schachbrett auf magische Weise von Feld zu Feld, bis am Ende gigantische 730 Milliarden Tonnen Reis zusammenkamen. Sein Schachbrett war zu diesem Zauber imstande. Doch es fand sich in dem Buch kein Hinweis, wie die Magie in Gang zu setzen sei. Der König ließ auf der ganzen Welt nach demjenigen suchen, der über diese Fähigkeit verfügte. Er träumte davon, seinen bereits übergroßen Reichtum dadurch ins Unendliche zu steigern.

Nach Jahren der Suche fanden die Kundschafter des Königs in einem fernen Land eine Prinzessin, die vorgab, diese Kenntnis zu besitzen. Sie stammte von dem weisen Sultan Shihram ab, war klug und gebildet und schon lange auf der Suche nach der Liebe. Als sie vor den König geführt wurde, glaubte sie, die Liebe gefunden zu haben. Der König erkannte seine Chance und gab vor, die Prinzessin gleichfalls zu lieben. Er versprach, sie zu heiraten, wenn sie ihm denn zuvor beweisen würde, dass sie tatsächlich den Zauber beherrschte, der sie zu ihm geführt hatte.

Die Prinzessin willigte ein. Aber sie hatte Zweifel an der Aufrichtigkeit seiner Liebe. Um ihn zu prüfen, gab sie dem König ein Rätsel auf, das seine wahren Gefühle offenbaren sollte:

*Es ist die Antwort, die man nicht geben kann,*
*auf die Frage, die man nicht stellen kann,*
*weil beides eins ist, wenn dieses Rätsel gelöst sein wird.*

Nur die Liebe, die man für jemanden empfand, vermochte einem die Lösung zu verraten. Aber da der König die Prinzessin nicht wirklich liebte, sondern nur nach Gold und Macht strebte, blieb ihm die Antwort versagt. Er ließ in allen Büchern nach der Lösung suchen, doch weder dies noch seine Bildung oder die seiner Berater halfen ihm weiter. Als er schließlich ohne Lösung wieder vor die Prinzessin trat, wusste diese, dass der König ihr seine Liebe nur vorgespielt hatte.

Als Strafe für seine Täuschung und um ihm wegen seiner Gier und seines Machtstrebens eine Lehre zu erteilen, verzauberte sie ihn und seine Gefolgschaft zu Figuren in einem Spiel auf dem magischen Brett. Hier war der König zwar immer noch die wichtigste Figur, konnte aber ohne die Hilfe seiner Bauern, Läufer, Türme und Pferde nichts ausrichten. Am mächtigsten jedoch war die Dame an der Seite des Königs, die er im wirklichen Leben nie erwählt hatte. Dieses Spiel bestimmte fortan das Schicksal der Stadt Ashnapur.

»Ein Schachbrett soll die Geschicke in dieser Stadt lenken?«, fragte Ben etwas ungläubig. Der Wirt grinste verwegen: »Nicht nur das. Das Verhalten von jedem, der in diese Stadt kommt, wird früher oder später von dem Schachbrett und seinem Rätsel erfasst.« Ben musste an seinen Kompass denken. Der Wirt bemerkte es sofort. Verschwörerisch beugte er sich wieder zu ihm vor, so als sollte keiner der anderen Gäste seine Worte hören: »Der König, der heute die Stadt regiert, ist schwach und vermag ohne seinen Staat nichts auszurichten. Er braucht seine Untertanen mit ihren unterschiedlichen Fähigkeiten, um das Rätsel zu lösen.« Dann richtete er sich wieder auf und grinste. Ben fragte sich, welche Fähigkeit der Wirt sich wohl selbst zuschrieb. *Geschwätzigkeit*, schoss es Ben unweigerlich durch den Kopf. Als hätte der Wirt es gehört, schaute er plötzlich etwas grimmig.

»Wo ist die Dame?«, fragte Ben schnell, bevor der Wirt etwas sagen konnte. Dieser stockte zunächst, doch dann setzte er eine noch geheimnisvollere Miene auf als zuvor, beugte sich noch einmal ganz dicht zu Ben und flüsterte ihm ins Ohr: »Die Dame fehlt. Es heißt, sie befinde sich an einem Ort des Friedens, den nur erreichen kann, wer das Rätsel löst.«

Der Wirt blickte Ben durchdringend an, als versuchte er in seinen Kopf zu schauen und dort nach der Lösung zu suchen. Doch dann beanspruchten andere Gäste seine Aufmerksamkeit und er wandte sich abrupt und ohne ein weiteres Wort ab. Ben war froh darüber, denn er hatte bereits genug gehört. Der Brahmane in Gestalt seines Bruders hatte es ihm prophezeit. Der Wirt hatte ihm von dem Rätsel erzählt. Konnte das wieder nur ein Zufall sein? Ben fiel es schwer, das noch zu glauben. Hatte der Mönch auch recht gehabt, als er sagte, Ben müsse das Rätsel in dem Palast von Ashnapur lösen? Nahmen seine Gedanken nur etwas vorweg, was er tief im Inneren bereits wusste? Aber da war noch sein Kompass, der in die Richtung des Palastes zeigte. *Erschaffen die Gedanken unsere Welt?* Lag es an ihnen, dass er dem Abbild seines Bruders in Ashnapur begegnet war? Dieser hatte ihm erzählt, dass es ihn in die Vergangenheit zog. Ben ertappte sich dabei, wie er darüber nachdachte, wie es wäre, wenn er selbst die Zeit so empfinden würde, als liefe sie rückwärts. Lag darin ein Weg, der Veränderung zu entkommen? Danach suchte er schließlich.

Dann aber fiel ihm wieder ein, wie der Fährmann ihn genau davor gewarnt hatte. *Sie wird die Zeit gegen dich einsetzen.* Von einer Zeitenfängerin hatte der Alte gesprochen. Er fragte sich, ob sie die Prinzessin aus dem Rätsel war, die vergeblich die Liebe hatte erfahren wollen. Sollte der Ort, an dem sie inzwischen lebte, der Ort sein, nach dem er suchte? Und lag in diesem Rätsel der Weg dorthin verborgen? Das wäre ein guter Grund, in den Palast zu gehen und das Rätsel zu lösen. Vielleicht konnte Ben dadurch den Ort finden, an dem die Zeit stillstand, *Damai.*

Ben stellte sich vor, wie er dort anlangte und sein Geist jeden Augenblick für immer einfangen konnte. In seinem Herzen würde alles wieder auferstehen, was er gekannt hatte. Ben sah die Insel mit ihrem Krater. Er sah die Steilküste und ließ sie vor seinem inneren Auge wieder aus dem Meer emporsteigen. Wie in einem rückwärts laufenden Film setzte sich alles wieder zusammen, was dem Meer zum Opfer gefallen war. Sein Bruder würde leben und sie würden zusammen in das Boot steigen. Das war es, was Ben sich so sehnlich wünschte. Nur ein einziges Abenteuer wollte er gemeinsam mit seinem Bruder erleben. Wenn er doch bloß die Zeit zurückdrehen könnte.

# Kapitel 28

Als Ben früh am nächsten Morgen aufwachte, befand er sich zu seiner großen Verwunderung nicht mehr in seinem Zimmer in Ashnapur. Er brauchte einen Moment, um zu verstehen, wo er war. Dann konnte er sein Glück kaum fassen. Sein Wunsch schien in Erfüllung gegangen zu sein. Er war wieder in seinem Elternhaus auf der Insel. Alles war so friedlich. Von unten hörte er Geklapper. Ben stand auf und ging hinunter ins Wohnzimmer. Er hoffte, sein Bruder säße am großen Tisch in der Küche und hätte bereits das Frühstück gemacht. Aber da war niemand. Das ganze Haus schien menschenleer wie immer. Dann merkte Ben, dass etwas nicht stimmte. Er verstand nicht gleich, was es war, bis er die Risse in den Wänden bemerkte. Sie begannen, sich zu verändern, sie schienen größer zu werden. Ben sah es mit Entsetzen. Dann fielen die ersten Bilder von den Wänden und Bücher aus dem Regal. Alles bebte. Ben versuchte verzweifelt, die Dinge an ihrem Platz zu halten, bis er feststellte, dass die Risse den Boden erreicht hatten. Das Haus selbst verlor seinen Halt. Die Wände brachen ein, und Ben schaute auf das offene Meer. Unten an der Küste stand der alte Fährmann an seinem Boot und lachte. Und es befand sich noch jemand neben dem Alten. Dort unten war sein Bruder. Er blickte ruhig zu dem Haus und schwieg. Als das Lachen des Fährmannes immer lauter wurde, kam der Boden unter Ben ins Rutschen. Er fiel und fiel und raste auf das tosende Meer zu. Unter einem kreischenden Lachen formten sich die Wellen zu einem riesigen Maul, das ihn jeden Moment zu verschlingen drohte. Dann schreckte er hoch. Schweißgebadet saß er aufrecht in seinem Bett. Er war immer noch in Ashnapur. Was war das nur für ein Albtraum gewesen? So hatte er sich das letzte gemeinsame Abenteuer mit seinem Bruder nicht vorgestellt.

Plötzlich klopfte jemand an seiner Tür. Ben stand etwas benommen auf und öffnete. Draußen wartete der Wirt, der ihm noch am Vorabend die große Sage von Ashnapur erzählt hatte. »Das hier wurde heute früh für dich abgegeben.« Er hielt Ben ein großes Paket entgegen, während er gleichzeitig über ihn hinweg in das kleine Zimmer sah, als würde er nach etwas Ausschau halten. Ben nahm ihm das in Packpapier zusammengeschnürte Bündel ab. Es war nicht besonders schwer. Was konnte das sein? Und von wem? Obwohl er bereits einigen Menschen in dieser Stadt begegnet war, kannte er doch keinen so gut, dass er ein Paket erwarten würde. Der Wirt verharrte noch immer an der Türschwelle und blickte über seine Schultern in das Zimmer. Als Ben ihn fragend anschaute, sagte er: »Hast du eine Lösung für das Rätsel gefunden?« Ben verstand nicht recht. »Die Geschichte, die ich dir gestern Abend erzählt habe«, fuhr der Wirt fort, während er weiter das Zimmer absuchte. Dann sah er Ben eindringlich in die Augen. »Das seltsame Schachbrett wird immer noch im Palast aufbewahrt. Man sagt, der jetzige König habe es direkt gegenüber von seinem Thron aufstellen lassen und verbringe seine gesamte Zeit damit, einen Weg zu finden, um den Zauber in Gang zu setzen.« Forschend beobachtete ihn der Wirt, bevor er weitersprach. »Du hast sicherlich auch schon von der Belohnung gehört, die der Herrscher demje-

nigen versprochen hat, der ihm einen Hinweis auf die Lösung bringt.« Ben schüttelte den Kopf. Der Wirt wunderte sich. Aber der Junge schien tatsächlich keine Ahnung davon zu haben, was alle Menschen in dieser Stadt beschäftigte. Der Wirt nahm ihn fest in den Blick und sagte: »Wer auch immer dem Herrscher die Lösung verrät, dem will er mit dem Reichtum, den das Schachbrett erzeugen würde, jeden Wunsch erfüllen.« Ben guckte den Wirt ungläubig an. Er brauchte erst gar nicht danach zu fragen, was er sich denn wünschen würde. Er konnte es in seinen Augen lesen. Der Wirt träumte allein von Gold.

Ben hatte den Wirt mehr abgewürgt als verabschiedet und war froh, wieder alleine in seinem Zimmer zu sein. Im letzten Moment, bevor er die Tür schloss, meinte Ben wahrgenommen zu haben, wie der Wirt etwas entdeckt hatte. Ganz kurz war da ein Blitzen in seinen Augen gewesen. Als Ben darauf selbst seinen Blick durch den Raum schweifen ließ, fiel ihm auf, dass sein Kompass deutlich sichtbar auf dem Tisch neben seinem Bett lag. Hatte der Wirt danach Ausschau gehalten? Schnell verwarf Ben den Gedanken wieder. Schließlich hatte er ihn mit keinem Wort erwähnt. Der Wirt konnte also keine Ahnung davon haben, dass der Kompass auf den Palast zeigte und vielleicht in Verbindung mit dem Rätsel stand.

Dennoch blieb Ben mit einem ungutem Gefühl zurück, und er nahm sich vor, möglichst schnell aufzubrechen. Er hatte zwar keine Ahnung, was das Rätsel bedeutete, aber er würde schon einen Weg finden, um das herauszubekommen. Erst aber wollte er sich das Paket näher ansehen, das ihm der Wirt gerade gebracht hatte. Als er es öffnete, erfasste ihn ein leichter Schauer. Vor ihm lag zusammengefaltet eine Brahmanenkutte. Sie sah genauso aus wie die, die sein Bruder gerade erst getragen hatte.

## Kapitel 29

»Die Zeit führt mich in die Vergangenheit?« Max saß unter der alten Eiche und schaute mit leerem Blick über die vielen Verästelungen, die der Fluss in diesem Tal nahm. Ben gab ihm ein wenig Zeit, um das Gehörte zu verstehen. Er hatte ihm alles erzählt, was er in Ashnapur erlebt hatte. Wie er von Max selbst in dem Park vor dem Palast erfahren hatte, dass sich ihre Wege immer wieder kreuzten. Ihre zeitliche Wahrnehmung verliefe dabei aber in umgekehrter Richtung. Drei Treffen sollte es auf ihrem Weg geben. Diese Begegnung bei der alten Eiche sei für Ben die letzte Zusammenkunft. Auch das habe ihm Max selbst in Ashnapur vorausgesagt.

Max schwieg eine Weile. Er versuchte sich zu erklären, was diese unterschiedliche Wahrnehmung ausgelöst haben konnte. Max erinnerte sich an das Bild des Jungen im Fluss, das er kurz nach seinem Erlebnis am Feuerkelch gesehen hatte. Auch er hatte schon behauptet, dass seine Zeit ihn in die Vergangenheit führe. Max hatte das akzeptiert und nicht weiter darüber nachgedacht. Zwar war ihm auf seiner Wanderung entlang des Flusses in dem Tal die Landschaft mit jedem Schritt vertrauter vorgekommen, so als wäre er diesen Weg bereits einmal gegangen, aber mit den vielen Begegnungen unter dieser alten Eiche war das wieder in Vergessenheit geraten. Erst der Mönch mit dem Kolibri, in dem er seinen Bruder Ben erkannte, hatte ihm die Augen geöffnet. Aber warum glaubte er bei diesem Treffen seiner Vergangenheit zu begegnen?

Ben sah, wie schwer sich Max tat. Dennoch musste er ihm mehr von den Dingen erzählen, die sich in Ashnapur zugetragen hatten. »Du warst es, der mir geholfen hat, das Rätsel der Stadt zu lösen. Ohne dich wäre ich nicht hier.« Ben hoffte, Max würde irgendwann einfach annehmen, was er gerade hörte. Er erzählte seinem Bruder, wie er es mit seiner Hilfe geschafft hatte, das Geheimnis der großen Sage von Ashnapur zu entschlüsseln.

Max dachte nach. Nach einer Weile kam ihm eine Frage in den Sinn. »Aber bedingen sich dann unsere Handlungen nicht gegenseitig?« Ben lächelte und bedeutete seinem Bruder fortzufahren. »Du konntest das Rätsel nur lösen und aus der Stadt finden, weil ich dir geholfen habe. Aber ich konnte nur in die Stadt gelangen, weil du hierhergekommen bist und mir davon erzählt hast.« Erwartungsvoll schaute Max seinen Bruder an. Nach einem kurzen Moment sagte Ben ganz ruhig: »Es scheint so zu sein, dass sich unsere

Handlungen gegenseitig bedingen. Aber tun sie das nicht immer? Vielleicht erkennen wir es nur leichter, wenn die Zeit nicht so fließt, wie sie eigentlich sollte.«

Max überlegte. Dann kam er auf die entscheidende Frage, von der Ben gehofft hatte, dass Max sie nicht stellen würde. »Bedeutet das, dass wir nichts verändern können an unserem Schicksal?« Ben blickte Max bei dieser Frage an. Wieder sah er das Haus die Steilküste hinunterrauschen. »Ich habe sehr lange darüber nachgedacht, seit ich die Insel verlassen habe«, begann Ben zögerlich. »Ich habe gelernt, dass das Leben ein kontinuierlicher Wandel ist. Wir haben sicherlich unseren Anteil daran, aber das bewahrt uns nicht vor schlimmen Schicksalsschlägen. Unsere Gedanken wollen uns glauben lassen, dass wir die Zukunft nach unseren Vorstellungen formen können. Aber das können wir genauso wenig, wie wir die Vergangenheit ändern können. Beides ist nur eine Illusion. Im normalen Lauf der Zeit sind wir uns dessen nicht immer bewusst. Ganz gleich, ob es uns ins Gestern oder ins Morgen zieht, der einzige Moment, der wahr ist, ist jetzt. Er ändert sich nicht. Auch das geschieht ohne unser Zutun. Daher ist die Frage nach unserem Einfluss eine Täuschung, die von dem Weg ablenkt, der uns Frieden bringt. Unsere Aufgabe ist es loszulassen und das zu akzeptieren, was geschieht.« Max war ruhig geworden bei diesen Worten. Ben hatte sich sehr verändert. Max fragte sich, was der Grund dafür war.

»Wir glauben, dass unsere Handlungen Einfluss haben, und das ist auch so. Glaube und Hoffnung sind daher zwei wichtige Kräfte in dieser Welt.« Ben machte eine lange Pause, bevor er fortfuhr. »Es gibt jedoch eine dritte Kraft, die noch stärker ist als Glaube oder Hoffnung. Sie überdauert den Wandel und hilft einem, die Veränderung auch über die Zeit hinweg zu durchbrechen. Das ist der einzige Weg, den wir gehen können.«

Max hatte berührt zugehört. Er war sich nicht sicher, ob er bereits alles erfasste, was sein Bruder ihm sagte. Aber er sah klar, wie die Reise Ben verändert hatte. »Früher wollte ich alles nur bewahren. Ich glaubte, damit könnte ich alles erhalten, was ich liebte. Aber diese Reise hat mir gezeigt, dass dies nicht möglich ist. Denn du hattest recht. *Nichts bleibt.*« Max erinnerte sich. Dann blickte er auf Ben in dem Mönchsgewand und meinte doch mehr sich selbst zu sehen als seinen Bruder. *Erkenne dich selbst.*

»Nein. Du bist es, der immer recht hatte«, hörte Max sich plötzlich sagen. Ben sah ihn erwartungsvoll an. Max begann bei diesen Worten sein Brahmanengewand nach etwas abzutasten. Dann griff er in die Tasche seiner Kutte. Als Max einen Gegenstand hervorholte, war es Ben, als hätte er selbst ihn in der Hand. »Erinnerst du dich?« Ben erinnerte sich. Die Kraft aus dem Rätsel. Er kannte sie schon sein ganzes Leben. In diesem kleinen Objekt manifestierte sie sich. Die Veränderung konnte ihr nichts anhaben.

»Nun verstehst du es.« Ben verstand. Gegenstände erfasste die Zeit und nahm sie mit sich. Sie in dieser Welt bewahren zu wollen war der falsche Weg. Das hatte er schon als Kind erfahren müssen. Was sein Bruder in der Hand hielt, zeigte es ganz deutlich. Mit Gedanken hielt man eine Vergangenheit aufrecht, die es nicht mehr gab. Nur mit der Kraft aus dem Rätsel ließ sich alles bewahren.

Hätte Ben das nur schon früher verstanden. Die Ereignisse, die er in den letzten Stunden in Ashnapur erlebt hatte, wären für ihn so viel weniger schmerzlich gewesen.

## Kapitel 30

Ben saß in seinem Zimmer in Ashnapur und betrachtete die Brahmanenkutte. Ihm war klar, wer ihm das Paket geschickt hatte, und gleichzeitig konnte er es nicht glauben. Hatte wirklich sein Bruder sie ihm zukommen lassen? Ben hatte den Wirt fragen wollen, wer das Päckchen abgegeben hatte, aber dessen fast aufdringlicher Blick in sein Zimmer hatte ihn davon abgehalten, länger als notwendig mit ihm zu sprechen.

Ben spürte, dass ihm keine Wahl blieb. So wie er die Erscheinung des Brahmanen durch die Stadt verfolgt hatte, um sich dem Bild seines Bruders zu stellen, entschloss er sich nun, ein weiteres Mal die Begegnung mit ihm zu suchen. Es schien etwas zu geben, mit dem sich die Gedanken an seinen Bruder in der Wirklichkeit manifestieren ließen. Sein Kompass hatte wieder eine Richtung gefunden. *Was führt dich?* Ben wusste, dass es die Kraft sein musste, mit der sich der Wandel überwinden ließ. Die Nadel zeigte auf den Palast, in dem er das Rätsel lösen sollte. Würde er also diese Kraft finden, wenn er das Rätsel löste?

Vorsichtig nahm er die Kutte vom Bett und hielt sie vor sich hin. Es war genau seine Größe. Ben konnte nicht sagen, warum, aber er verspürte den Drang, sie anzuziehen. Er schien der Kraft ganz nahe zu sein, nach der er suchte. *Weil beides eins ist, wenn dieses Rätsel gelöst sein wird.* Nachdem er das Gewand angelegt hatte, betrachtete er sich im Spiegel. Es fühlte sich an, als wäre es sein eigenes. Dann machte er sich auf, um noch einmal in den Park zu gehen und nach der Erscheinung seines Bruders zu suchen.

Auf dem Weg kamen Ben viele Gedanken. Er fragte sich, ob er dort wirklich auf seinen Bruder treffen würde. Er erinnerte sich an seinen zweiten Besuch in Ashnapur. Mit der Erwartung, erneut die Erscheinung des Mönchs zu finden, hatte er in der Stadt nach ihm Ausschau gehalten. Damals war der Mann in der Kutte am Stadttor nicht mehr aufgetaucht. Er fürchtete, dass ihm das nun wieder passieren könnte.

Im Park ging Ben zuerst zu der Bank, auf der sie nebeneinander gesessen hatten. Aber dort war niemand. Er begann, den ganzen Park abzusuchen, aber das war eine schier unlösbare Aufgabe. Der Park war riesig. Er zog sich fast durch die gesamte Stadt. Ben probierte es dennoch. Er hatte schon einige Zeit gesucht, als ihm plötzlich etwas auffiel. Der Himmel schien still zu stehen. Dann begriff Ben, was diesen Eindruck ausgelöst hatte. Ein kleiner Vogel schwebte regungslos vor ihm in der Luft. Es war sein Kolibri. Er hatte ihn nicht mehr gesehen, seit er sich vor einigen Tagen abends vor seinem Fenster gezeigt hatte. Ben erinnerte sich wieder an seine Gedanken. Im Flügelschlag des Kolibris lag das Symbol für die Kraft verborgen, nach der er suchte. Mit ihr ließ sich die Veränderung im Leben durchbrechen. Wieder versuchte Ben, dem Flügelschlag mit seinen Augen zu folgen. Aber die Bewegung ließ sich einfach nicht erfassen. Als er versuchte, sich dem kleinen Vogel zu nähern, setzte sich der Kolibri in Bewegung. Er führte Ben bis an eine verborgene Stelle in dem Park, an dem sich der Fluss zeigte. Ohne den Kolibri hätte Ben sie nicht gefunden. Über dem Wasser verharrte der Vogel in der Luft.

»Hast du inzwischen gelernt, was du auf deiner Insel nicht lernen konntest?«, fragte ihn plötzlich eine Stimme. Ben hoffte, seinen Bruder zu sehen. Er ließ seinen Blick schweifen, aber da war niemand. Dann überlegte er. Er ging auf den Fluss zu. Wieder sah er den Jungen darin, der bereits vor der Stadt zu ihm gesprochen hatte. »Ich habe versucht, mich mit der Veränderung im Leben auseinanderzusetzen«, sagte Ben. »In den vielen Geschichten, die sich die Leute in der Stadt erzählen, und den unzähligen Schicksalen darin habe ich erkannt, dass die einzige Unveränderlichkeit im Leben der Wandel ist, der immer einzutreten scheint. Er ist unvermeidlich.« Der Junge folgte seinen Ausführungen. »Aber es gibt wohl eine Kraft, die die

Macht hat, sich dieser unablässigen Veränderung entgegenzustellen. Ich glaube, diese Kraft lässt sich mit der Lösung des Rätsels finden. Wenn ich also das Rätsel dieser Stadt löse, hilft sie mir, um an den Ort ohne Zeit zu gelangen.«

»Im Moment jedoch bist du auf der Suche nach *ihm*.« Ben zuckte kurz, als der Junge diesen Satz sagte. »Er ist nur ein Trugbild der Vergangenheit«, entgegnete Ben bestimmt. Der Junge schaute ihn an und lächelte. »Dennoch bist du hier und suchst nach ihm?« Der Junge fragte es mit einem gewissen Unterton. »Du wünschst dir, dass du dich irrst und dein Bruder wirklich hier in der Stadt ist.« Ben biss sich auf die Lippen. Er nickte. »Dann hast du noch nicht gelernt, was du hier lernen sollst.« Ben runzelte die Stirn. Er deutete auf das Gewand, das er trug. »Heute Morgen hat mir jemand diese Brahmanenkutte gebracht, in der ich ihn hier in der Stadt immer gesehen habe.« Der Junge musterte Ben und überlegte. Dann entschloss er sich, Ben noch etwas zu sagen. »Nun, du weißt, dort, wo er jetzt hingeht, braucht er sie nicht mehr.«

Ben sah den Blick des Jungen und verstand sofort. »Mein Bruder verlässt die Stadt, um auf die Insel zu fahren? Es zieht ihn weiter in die Vergangenheit?« Es wirkte mehr wie ein Ausruf als wie eine Frage. Der Junge nickte: »In dieser Vergangenheit wird er dir auf der Insel begegnen.« Dann fügte der Junge an: »Wir wissen beide, was passieren wird, nachdem er dich dort überredet haben wird, deine Felsenfestung mit ihm zu verlassen.«

Ben blickte auf den Turm des Palastes und sah wieder die Felsen in sich zusammenstürzen. Nun verstand er es. Die Brahmanenkutte war ein Abschiedsgeschenk. Ben schluckte. Wenn er herausfinden wollte, was es mit dem Trugbild seines Bruders auf sich hatte, musste er ihn noch einmal sehen, bevor er die Stadt verließ.

»Es gibt nur einen Ort, an dem du ihn mit Sicherheit treffen kannst.« Der Junge sah ihn eindringlich an. Ben brauchte nicht lange, um zu verstehen. Der Weg zur Insel führte durch das Stadttor, an dem Ben dem Brahmanen zum ersten Mal begegnet war. Er wandte sich um und rannte los. Dicht über ihm flog sein Kolibri. Wenn er noch eine Chance haben wollte, zu verstehen, was die Begegnungen mit dem Abbild seines Bruders bedeuteten, dann musste er sich beeilen. Das große Eingangstor, durch das Ben Ashnapur betreten hatte, lag weit entfernt am anderen Ende der Stadt.

## Kapitel 31

Außer Atem kam Ben auf dem großen Platz vor dem Stadttor an. Er hatte lange gebraucht, um von dem Park durch die vielen Straßen Ashnapurs hierher zu gelangen. Er hoffte, dass er noch nicht zu spät war. Selbst wenn sein Bruder doch nur ein Trugbild sein sollte, musste er ihn finden, bevor er die Stadt verließ.

Ben fühlte sich zerrissen. Einerseits konnte und wollte er nicht daran glauben, dass es wirklich sein Bruder war, den er in Ashnapur immer wieder getroffen hatte. Gleichzeitig konnte er diese Begegnungen auch nicht mehr allein als Trugbilder abtun. Die Schilderung seines Bruders, er erlebe die Zeit wie in einem rückwärts fließenden Fluss, war für Ben dennoch schwer nachzuvollziehen. Drückten sich in diesem Bild bloß Gedanken aus, die ihn immer wieder in die Vergangenheit führten, die er nicht loslassen konnte? Aber wie konnten diese Gedanken seine Realität beeinflussen?

Verunsichert schaute sich Ben auf dem Platz um. Hatte er seinen Bruder bereits verpasst? Dann würde er nie verstehen, warum sich all diese seltsamen Begegnungen zugetragen hatten. Wie schon einmal suchte er mit seinem Blick die Menschenmenge ab, die sich vor seinen Augen über den Platz schob. Dann fiel ihm etwas ein. Sein Bruder trug ja nicht mehr die Kutte, in der er ihn immer gesehen hatte. Ben hatte die ganze Zeit nach einem Brahmanen Ausschau gehalten.

»Du bist tatsächlich gekommen.« Die Stimme seines Bruders ließ Ben zusammenzucken. Er schien am Stadttor auf ihn gewartet zu haben. Nun stand er plötzlich neben ihm. »Ich hatte gehofft, du würdest mich hier suchen, wenn dir bewusst wird, dass ich irgendwann diese Stadt verlassen muss.« Ben bemerkte voller Schrecken, dass sein Bruder nun dieselbe Kleidung trug wie bei ihrer Begegnung auf der Insel.

»Wovor fürchtest du dich?«, fragte Max, als er sah, dass Ben ein wenig zu zittern begann. »So habe ich dich schon einmal gesehen«, sagte Ben und deutete auf seine Kleidung. »Es war, als du mich auf der Insel aufgesucht hast, um mich zum Aufbruch zu bewegen.« Max lächelte. »Dann glaubst du jetzt daran, dass ich der Zeit entgegenreise?« »Ich weiß nicht mehr, was ich glauben soll, Max«, sagte Ben betrübt. »Ich weiß nur eins: Ich will dich nicht noch einmal verlieren. Es ist mir egal, ob du nur ein Trugbild bist oder nicht.«

Max blickte ihn sanft an. »Aber warum solltest du mich verlieren?« Ben stiegen die Tränen in die Augen und seine Kehle fühlte sich an wie zugeschnürt. Er wagte es nicht, in Worte zu fassen, was er dachte. Wieder sah er die einstürzende Steilküste vor sich. Ben spürte, dass sich etwas verändern würde, wenn er das erste Mal aussprechen würde, was er auf der Insel erlebt hatte. Denn Worte verliehen den Dingen Realität. *Das Benennen überantwortet sie der Vergänglichkeit.* Das schien eine alte Wahrheit zu sein und Ben verstand sie jetzt.

Sein Bruder stand immer noch neben ihm und sah ihn geduldig an. »Der Grund, warum du nicht hier sein kannst, ist derselbe, warum du auch nicht auf die Insel fahren darfst«, setzte Ben an. Mit diesem Satz hatte er den ersten Schritt gemacht. »So sehr ich mir auch wünschte, wir könnten beide in dieser Stadt sein und zusammen ein Abenteuer erleben, so erinnert mich doch dieser Grund stets daran, dass das nicht geht. Egal, ob du nur ein Trugbild bist oder ich deine Erklärung vom Lauf der Zeit akzeptiere. In jedem Fall verliere ich dich.«

Max ließ seinen Blick auf Ben ruhen. »Warum also?«, fragte er noch einmal. Mit Tränen in den Augen schaute Ben ihn fest an. Sie liefen ihm über die Wangen, als er all seine Kraft zusammennahm und seinem Bruder endlich sagte, was er bislang nie auszusprechen gewagt hatte: »Weil du auf der Insel gestorben bist. Weil du dich mit deinem Bemühen, mich auf den Weg zu bringen, selbst geopfert hast. Weil mein Drang, alles zu erhalten, dich das Leben gekostet hat.« Ben weinte bitterlich. Eine Last, die schon so lange auf ihm lag, entlud sich in einem ungehemmten Tränenfluss.

Max aber sah ihn nur weiter ruhig an. »So ist es eben. Es gibt Dinge auf dieser Welt, die sich nicht ändern lassen. Auch wenn wir uns das noch so sehr wünschen.« Ben schaute auf. Mit verweinten Augen sah er Max verständnislos an. »Aber du musst nicht fahren. Du kannst dich immer noch dagegen entscheiden, auf diese Insel zu gehen. Du kannst die Dinge ändern.« Max legte den Kopf zur Seite. Dann sagte er: »Es gibt vieles, was man in dieser Welt ändern kann.« Dann machte er eine längere Pause. »Aber es gibt auch Dinge, die sich nicht ändern lassen. Der Lauf der Zeit gehört dazu. Wir beide tragen die Bürde, dass wir das Schicksal kennen, das mir bevorsteht. Aber du bist der unverrückbare Beweis, dass sich daran nichts mehr ändern lässt. Ich kann mich nicht gegen die Insel entscheiden, weil du sonst nicht hier vor mir stehen würdest. Schlimmer noch, wenn ich jetzt nicht gehe, würdest du selbst noch dort sein und vielleicht wärst du bereits mit ihr im Meer versunken. Ich muss gehen, damit du leben kannst.«

Ben wusste, dass sein Bruder recht hatte. Stets hatte er dem Wandel etwas entgegensetzen wollen. Nun aber war es ausgerechnet das Schicksal seines Bruders, das er nicht ändern konnte. Die Zeit hatte ihm gezeigt, dass sie sich nicht ändern ließ. Auch rückwärts würde der Fluss stetig fließen.

»Lass mich jetzt gehen«, bat Max ihn schließlich. »Vor dir liegt noch ein langer Weg.« Er blickte den Fluss entlang zum Meer in Richtung der Insel. »Für mich ist es nur noch ein kurzer.« Ben rang mit seiner Fassung. »Was soll ich denn jetzt nur ohne dich tun?«, fragte er. »Du musst das tun, was dich einst in diese Stadt geführt hat. Löse das Rätsel und finde den Ort ohne Zeit«, sagte Max. Sein Bruder war ratlos. »Wie soll ich das schaffen?« Max lächelte. »Du musst einfach nur in den Palast gehen und dem König auf seine Frage antworten.« Ben verstand nicht recht. »Du wirst es schon sehen. Begib dich in den Palast und löse das Rätsel. Ich weiß, dass du es schaffen wirst.« Ein Stirnrunzeln trat auf Bens Gesicht. »Wie kannst du dir so sicher sein?« Max lachte fröhlich. »Hast du es schon vergessen? Für mich ist es bereits geschehen.«

Verständnislos sah Ben seinem Bruder nach, als dieser sich aufmachte, um das Tor zu passieren. »Denk daran, dass es eine dritte Kraft gibt, die stärker ist als der Glaube und die Hoffnung. Sie ist die Kraft, mit der sich die Veränderung durchbrechen lässt. Sie liegt in der Lösung des Rätsels verborgen.« Dann bemerkte er den Kolibri, der über den beiden am Himmel stand.

Max blieb noch einmal stehen. Der kleine Vogel musste ihn auf einen Gedanken gebracht haben. Schließlich sagte er: »Eins musst du noch wissen: Wenn du draußen in das Tal kommst und an einer alten Eiche auf mich triffst, dann werde ich dir einen

Gegenstand geben, den ich dort bei mir trage. Mit ihm wirst du bis an das Ende deines Weges gelangen.« Als Ben diese Worte hörte, blickte auch er auf zu dem Kolibri. Wieder meinte er, in dem nicht erkennbaren Flügelschlag ein Symbol zu entdecken. Es sagte ihm, dass sein Bruder recht hatte. Als Ben den Kopf wieder senkte, sah er, wie sein Bruder bereits langsam durch das Tor ging. »Wenn du nicht selbst auf die Lösung kommst, hier steht alles drin. Ich gebe es dir auf der Insel.« Mit verzweifeltem Blick sah Ben, wie Max das Tagebuch ihres Urgroßvaters aus der Tasche zog und ihm damit zuwinkte.

Ben wusste, dass es keinen Zweck hatte, noch mehr zu sagen. In ihm machte sich eine große Erschöpfung breit, die diese Begegnung mit der Vergangenheit ausgelöst hatte. Dann tat er das Einzige, wozu er sich noch imstande sah. Er ließ los. Als dieses Gefühl sich sanft in seinem Körper ausbreitete, fing das Bild seines Bruders an zu verblassen. Er hatte gelernt, was er auf der Insel nicht hatte lernen können. *Akzeptanz.* Ben hatte den Tod seines Bruders akzeptiert. Aber es sollte noch eine weitere Begegnung brauchen, damit er ihn für immer loslassen konnte.

# Kapitel 32

Erschöpft und müde ging Ben langsamen Schrittes zurück zum Gasthaus. Er nahm den Weg über den Markt, den er schon bei seiner Ankunft in Ashnapur überquert hatte. Er erinnerte sich an den Mönch, den er zunächst für seinen Bruder gehalten hatte. Er sah den Händler vor sich, der ihn zu dem Laden geschickt hatte, in dem er seinen Kompass reparieren lassen wollte. *Was führt dich?* Ben hatte darauf immer noch keine Antwort. Beruhigt bemerkte er, dass sein Kolibri in Sichtweite vor ihm über die Marktstände flog. *Wenigstens bin ich nicht ganz allein*, dachte Ben bei sich. Seinen Bruder hatte er losgelassen, wenngleich er sich eingestehen musste, dass es noch kein vollkommenes Loslassen war. Denn kurz nachdem das Bild verschwunden war, hatte Ben sich damit zu trösten versucht, dass er seinen Bruder ja nochmals in dem Tal unter einer alten Eiche treffen würde. Das hatte Max ihm schließlich erzählt. So hätte er eine letzte Gelegenheit, mit seinem Bruder zusammen zu sein. Und vielleicht könnte er dort das Schicksal abwenden, das seinem Bruder bevorstand. Hatte Max ihm nicht selbst gesagt, er würde das Rätsel lösen können? Dann würde er schließlich die Kraft gewinnen, den Wandel zu durchbrechen. Vielleicht lag darin auch die Rettung für seinen Bruder.

*Was führt dich?* Wieder kam ihm die Frage in den Sinn. Ben tastete nach seinem Kompass. Als er ihn nicht gleich fand, durchwühlte er voller Aufregung seine Taschen. Eine schreckliche Ahnung überkam ihn. Nachdem er die Mönchskutte erhalten hatte, war er so schnell aufgebrochen, um nach seinem Bruder zu suchen, dass er vergessen hatte, ihn mitzunehmen. Sein Kompass musste noch in seinem Zimmer liegen. Sofort beschlich ihn ein ungutes Gefühl. Ihm fiel wieder ein, wie der Wirt sein Zimmer mit seinen Blicken abgesucht hatte. Seine neugierig starrenden Augen richteten sich auf Ben wie eine große Bedrohung.

Aus diesen Gedanken wurde Ben gerissen, als er genau diesen Wirt plötzlich in der Menschenmenge des Marktes vor sich sah. Schwerfällig schob er sich durch das Gedränge. Er war nicht alleine, da war noch eine weitere Person. Beide gingen in Richtung der großen Allee, die auf den Palast zuführte. Als Ben erkannte, wer den Wirt begleitete, wurde ihm noch mulmiger zumute. Es war der Händler, der Ben schon zweimal so freundlich auf seinen Kompass angesprochen hatte. Sie schienen sich zu kennen. Genauso schnell, wie Ben die beiden entdeckt hatte, verlor er sie im Gedränge auch wieder aus den Augen. Eigentlich wollte er dem Ganzen keine große Bedeutung beimessen. Doch der Anblick hatte etwas Beunruhigendes für ihn.

Er beeilte sich, zurück zu dem Gasthaus und in sein Zimmer zu gelangen. Dort begann er sofort, nach seinem Kompass zu suchen. Er war sich sicher, ihn auf dem Tisch neben seinem Bett gelassen zu haben, aber dort fand er ihn nicht. Er durchsuchte seine alten Kleider, die er abgelegt hatte, um sich die Mönchskutte überzuziehen, aber auch darin konnte er nichts finden. Schließlich durchwühlte er das gesamte Zimmer, den Schrank, schaute unter dem Bett nach und suchte in jeder Ecke. Es war vergebens. Sein Kompass war nicht mehr da. War der Wirt in sein Zimmer gekommen und hatte ihn mitgenommen? Steckte er mit dem Händler unter einer Decke, der auf dem Markt gesehen hatte, dass der Kompass in Richtung des Palastes zeigte? Wenn dem so war, dann konnten die beiden nur in diese Richtung unterwegs sein. Ben war nicht wohl bei der Vorstellung, einfach in den Palast zu gehen und die beiden abzufangen. Doch wenn er sich beeilte, würde er das noch schaffen. Was, wenn er dann das Rätsel lösen müsste? Er hatte kaum Zeit gehabt, über all das mit klarem Verstand nachzudenken.

Bevor er wusste, was er tat, fand er sich schon auf der Straße wieder. Schnellen Schrittes eilte er in Richtung des großen Palastes von Ashnapur. Über ihm flog sein Kolibri. Ben war der Kraft, die den Wandel durchbrach, noch nie so nah gewesen.

# Kapitel 33

Der Palast von Ashnapur war imposant. Er wirkte fast ein wenig bedrohlich. Mit jedem Schritt, den er auf den riesigen Bau zuging, fühlte sich Ben mehr eingeschüchtert. Fragen kreisten in seinem Kopf. Lag er tatsächlich richtig mit seiner Vermutung, dass der Wirt und der Händler sich zusammen auf den Weg zum Herrscher der Stadt gemacht hatten? Wenn sie den Kompass gestohlen hatten, musste er ihnen mehr über die Lösung verraten haben, als Ben aus ihm herausgelesen hatte. Oder genügte es ihnen schon, dass sie im Besitz eines Gegenstandes waren, der ihnen einen kleinen Hinweis auf des Rätsels Lösung versprach?

Ben dachte angestrengt nach. Das Rätsel wollte sich ihm einfach nicht erschließen. Er überlegte, ob die Lösung vielleicht so einfach war, dass er deshalb nicht auf sie kam. *Manchmal ist es das Offensichtliche im Leben, das sich einem nicht erschließt.* Sein Bruder war so zuversichtlich gewesen, dass Ben das Rätsel lösen würde. Er müsse nur eine Frage des Königs beantworten, hatte er gesagt. Welche Frage konnte das sein? Ben fiel wieder die Gravur auf der Unterseite seines Kompasses ein. *Was führt dich?* War es diese Frage, die ihm der König stellen würde?

In diese Gedanken versunken näherte er sich dem Eingangstor des Palastes. Die Wachen hatten ihn bereits bemerkt. Ben verlangsamte seinen Gang, aber stehen bleiben konnte er nicht mehr. Er hatte keine Ahnung, wie er an ihnen vorbeikommen sollte. Sein Herz klopfte und er fürchtete schon, in irgendeinen Kerker geworfen zu werden, als er die finstere Miene eines Wächters sah.

»Du bist tatsächlich gekommen«, sprach dieser plötzlich. Der Wächter schien ihn bereits erwartet zu haben. Noch ehe er eine Frage stellen konnte, öffneten sich die beiden großen Tore der Eingangspforte, die Wächter nahmen Ben in ihre Mitte und geleiteten ihn in den Palast. Sie liefen über große Treppen und durch prachtvolle Hallen. Von innen war dieser Bau noch gewaltiger, als er von außen gewirkt hatte. Ben erschien der Weg endlos zu sein. Dennoch wagte er nicht, auch nur ein einziges Wort zu sagen. Die Wächter verzogen keine Miene. Ben verstand nicht recht, wie er so leicht in den Palast gelangen konnte. Vielleicht hatten der Wirt und der Händler seine Ankunft angekündigt.

Über ihm schwebte geräuschlos Bens Kolibri durch die Hallen. Niemand bemerkte ihn. Als die Wachen Ben in den Thronsaal brachten, flog er unauffällig mit ihnen hinein, bevor sich die Türen hinter ihnen schlossen. Die Wachen bedeuteten Ben, die letzten Meter bis vor den Thron allein zu gehen. Langsam schritt er die Halle ab. Neben ihm tauchte das alte Schachbrett auf. Es war tatsächlich direkt gegenüber dem Königsthron aufgebaut und stand auf einem Podest. Licht fiel durch eines der vielen Fenster, strahlte es an und ließ es wie ein Heiligtum erscheinen. Aber das war sicherlich nur ein momentaner Eindruck.

Dann sah Ben, wie zwei Männer durch eine der Seitentüren von Wachen abgeführt wurden. Sie waren in Ketten gelegt. Kurz bevor sie den Saal verließen, erkannte Ben noch, um wen es sich handelte. Der Wirt und der Händler hatten keinen Erfolg beim König gehabt. Sie waren tatsächlich zusammen auf dem Markt gewesen und von dort in den Palast gegangen, wie Ben es angenommen hatte. Er fragte sich, ob er auch damit richtig lag, dass sie seinen Kompass gestohlen hatten. Als er vor den König trat, bekam er die Antwort.

Der Herrscher von Ashnapur saß auf seinem Thron und hielt Bens Kompass in der Hand. Er war ganz auf die Worte auf der Rückseite konzentriert, wirkte nachdenklich und in sich versunken. Dann bemerkte er Ben. »Du bist tatsächlich gekommen«, wiederholte der König die Worte des Wächters. Ben wusste mit der Bemerkung immer noch nichts anzufangen. Der König bemerkte seine Verwunderung und lachte: »Du hast keine Ahnung, wovon ich spreche, oder?« Ben zog die Augenbrauen hoch. Dann nickte er. »Du bist der Be-

sitzer dieses Kompasses, den dir die zwei Gauner entwendet haben in der Hoffnung, sie könnten mir damit die Lösung des Rätsels bringen.«

Ben hatte also richtig vermutet. Der Händler, der bei ihren Begegnungen so freundlich gewirkt hatte, hatte sich tatsächlich mit dem Wirt zusammengetan, um seinen Kompass zu stehlen. *Was führt dich?* Diese Frage hatte der Händler gleich bei ihrer ersten Begegnung auf der Unterseite des Kompasses gesehen. Er hatte ihr zunächst keine Bedeutung beigemessen. Aber als er Ben das zweite Mal traf und der Kompass auf den Palast zeigte, war er sich sicher, dass der junge Mann einen Hinweis zur Lösung des Rätsels besaß. Er war Ben vom Markt zum Gasthaus gefolgt. Später schmiedete er mit dem Wirt einen Plan, den Kompass an sich zu bringen. Sie waren sich sicher, mit ihm zumindest die Frage aus dem Rätsel gefunden zu haben.

»Das ist nicht die Frage, um die es geht.« Der König zeigte auf die Gravur des Kompass. Ben schaute verwundert. Der König beobachtete ihn eine Weile, bevor er weitersprach. »Ein Brahmanenmönch, der dir sehr ähnlich sah, suchte mich vor einiger Zeit hier im Palast auf und bot mir an, mir bei der Lösung des Rätsels zu helfen. Anfangs wollte ich dem keine allzu große Beachtung schenken. Schon viele waren wie er zu mir gekommen und hatten das behauptet. Auch wenn es im Lauf der Jahre immer weniger wurden, weil ich jeden, der meine Zeit mit einer falschen Lösung verschwendete, in den Kerker werfen ließ.« Der König machte eine kurze Pause. »Um Halunken wie deine beiden Bekannten abzuschrecken, die alle nur auf eine Belohnung aus waren.« Ben verstand, dass es dem Wirt und dem Händler nichts genutzt hatte, dem König nur den Kompass zu bringen. Alleine damit ließ sich das Rätsel nicht lösen. Der Herrscher musterte den jungen Mann in seiner Mönchskutte, bevor er fortfuhr: »Dieser Brahmane sagte mir, dass er mir die Frae, von der das Rätsel sprach, verraten würde. Allerdings stellte er eine Bedingung.«

Der König hielt wieder inne und sah Ben prüfend an. Aber er fand keinen Hinweis darauf, dass Ben diese Geschichte bereits kannte. »Es würde einige Zeit vergehen, dann würde erneut jemand wie er kommen. Diesem Brahmanen sollte ich die Frage stellen, die er mir genannt hatte. Dann würde ich die Antwort erfahren.« Ben hatte sich ruhig angehört, was der Herrscher ihm erzählte. »Das heißt, dieser Mönch hat behauptet, ich würde die Antwort kennen?« Der König schaute Ben eindringlich an. »Ich dachte seinerzeit, der Fragende und derjenige, der die Antwort kennt, müssten ein und derselbe sein«, sagte der König. »Aber jetzt bin ich mir nicht mehr so sicher.« Äußerlich schien dem König dieser Brahmane dem Mönch vollkommen zu gleichen, der ihn damals aufgesucht hatte. Jedoch schien die Person, die nun unter dieser Kutte steckte, nichts von alldem zu wissen.

»Bist du bereit für die Frage?«, setzte der König an. Ben überlegte. »Was habt Ihr damals für die Antwort versprochen?« Der Herrscher wusste nicht recht, ob diese Frage eine Prüfung war oder ob der junge Mann vor ihm tatsächlich nicht wusste, was der König dem Brahmanen für die richtige Antwort gewähren sollte. »Ich musste damals zusichern, dem Mönch mit der richtigen Antwort den Weg in die Berge zu zeigen. Er sollte nach *Damai* finden, zu dem Kloster, das den Frieden im Namen führt.«

Ben konnte es kaum glauben. Er verstand das alles nicht. Da er selbst keinerlei Erinnerung an das besaß, was der Herrscher ihm soeben erzählt hatte, beschlich ihn ein Gedanke, den er keinesfalls glauben wollte. War sein Bruder hier gewesen? Das würde erklären, warum er ihn so ermutigt hatte, in den Palast zu gehen. Oder war es wahrscheinlicher, dass ein ganz anderer Mönch seinerzeit hierhergekommen war? In den Kutten sahen sich die Brahmanen alle ähnlich. Ben musste daran denken, wie er selbst einen Mönch mit seinem Bruder verwechselt hatte, als er auf dem Markt nach ihm suchte. Vielleicht hatte dieser Mönch sich nur eine List ausgedacht, weil er die Lösung des Rätsels auch nicht kannte. Wenn es so war, dann saß Ben jetzt in der Falle. Denn nun war er es, der eine Antwort geben sollte.

»Bist du bereit?«, hörte er da wieder die Worte des Herrschers. Laut schallten sie durch den Saal. Bevor

Ben noch etwas sagen konnte, begann der König bereits mit seinen Ausführungen. »Der Bramahne sprach davon, dass jedem Menschen auf dieser Welt ein unendlich langes Leben beschert werden könne.« Bei diesen Worten begann sich einen Erinnerung in Ben zu regen. Eine alte Wahrheit, die er einst gekannt, aber wieder vergessen hatte, war dabei, sich ihm zu offenbaren.

»Eine Kraft sei dafür notwendig. Mit ihr ließe sich die Zeit anhalten. Um sie ginge es in dem Rätsel.« Durchdringend starrte der Herrscher von Ashnapur Ben bei dem, was er nun sagte, an. »Die Frage, die der Mönch mir seinerzeit gestellt hat, lautete daher: Mit welcher Kraft ist das möglich?« In Bens Kopf begannen Bilder seiner Vergangenheit aufzutauchen. Er sah sich wieder mit seinem Bruder in dem Haus auf der Insel. Sie stritten, weil Ben nicht aufhören wollte, alles zu bewahren. Er sah sein altes Holzspielzeug und wie sein Bruder es in den Kamin warf. Die Flammen umzingelten es. Sie sengten es an. Schwarz fraß sich an den Rändern hoch. Bei diesem Anblick begannen die Emotionen in Ben zu toben. Ein Schauer breitete sich aus, als er in dem Thronsaal plötzlich noch etwas anderes sah. Oben vor einem der Fenster schwebte etwas Lebendiges. Als das Licht nachließ, so wie die Flammen um das Holzspielzeug in seinem Geist langsam kleiner wurden und schließlich verschwanden, erkannte er seinen kleinen Freund. Der Kolibri stand still und trotzte der Veränderung. Wie in Trance gab Ben die Antwort, an die er einst als Kind geglaubt hatte: »Mit der Kraft der Liebe.« Dann brach er zusammen. Der König registrierte es kaum. Er hatte ein leises Quietschen vernommen. Die Nadel des Kompasses in seiner Hand zeigte auf das Schachbrett. Die Liebe des Königs galt allein dem Gold.

## Kapitel 34

Als Ben die Augen wieder aufschlug, lag er vor dem Stadttor. Allmählich kam er zu sich. Dabei fiel ihm auf, dass es sich nicht um das Tor handelte, durch das er einst nach Ashnapur gekommen war. Ben befand sich vor dem Stadttor, das in das Tal vor den Bergen führte.

Der König hatte lange überlegt, was er mit ihm anstellen sollte. Die Antwort, die Ben ihm gegeben hatte, schien nicht ganz falsch zu sein. Sie hatte in dem König etwas in Bewegung gesetzt. Er sah nun, wohin die Nadel des Kompasses für ihn zeigte. Natürlich war er sich bald nicht mehr sicher, ob es wirklich die Antwort des jungen Brahmanen gewesen sein konnte, die den Kompass wieder in Gang gesetzt hatte. Vielmehr glaubte er, dass er den Kompass zuvor nicht richtig bedient hatte oder er ein wenig defekt war. Der Händler hatte noch davon gesprochen, dass er gerade erst in einem Laden seines Vertrauens repariert worden sei. Aber das war dem König schnell einerlei. Er war dem Rätsel nähergekommen als jemals zuvor. Als der junge Mönch von der Liebe sprach, hatte der Kompass in den Händen des Königs auf das Schachbrett gewiesen. Trotzdem schien sich noch keine vollständige Lösung zu offenbaren, denn das Schachbrett stand unbewegt wie immer vor ihm und hatte sich nicht verändert. *Mit der Kraft der Liebe.* Der König verstand nicht, wie ihm das helfen sollte. Von der Liebe verstand er schließlich nichts.

Der König kam zu dem Schluss, dass der Mönch sich nur zum Teil an sein Versprechen gehalten hatte, und beschloss, es ihm gleich zu tun. Er entschied, ihn nicht in den Kerker werfen zu lassen, sondern vor das Tor der Stadt, das in die Berge führte. Von hier konnte er seine Reise fortsetzen. Den Weg nach *Damai* aber zeigte er ihm nicht. So sind wir beide einen Schritt weitergekommen und müssen trotzdem erst noch finden, wonach wir schon so lange suchen, dachte er. Der König freute sich an seiner gerechten Entscheidung, wie mit dem jungen Mann umzugehen sei, und vergaß ihn darauf auch bald wieder. Denn das Schachbrett hatte erneut begonnen, seine gesamte Aufmerksamkeit auf sich zu ziehen.

Ben hatte von alldem nichts mitbekommen. Er war froh, auf der richtigen Seite der Stadt ausgesetzt worden zu sein. Er glaubte verstanden zu haben, was die junge Prinzessin dem damaligen König von Ashnapur mit dem Rätsel hatte sagen wollen. Hätte der König sie wirklich geliebt, hätte es keiner Fragen und keiner Antworten bedurft. Die Liebe genügte sich selbst. Der

König hätte nur danach gestrebt, eins mit der Prinzessin zu sein. Aber da er das Rätsel nicht lösen konnte, zeigte er der Prinzessin damit nur, dass er sie nicht liebte.

War es also die Liebe, die in der Lage war, die Zeit zu überwinden? Als Kind hatte er das immer geglaubt. Die Gedanken an seinen Bruder hatten ihn daran erinnert. Hatte sein Bruder aus der Lösung des Rätsels eine Frage und eine Antwort ableiten können, die nur sie beide verstanden? Wie konnte das sein? Ben dachte lange darüber nach. Er spürte, dass seine Reise ihn zu einer Antwort führen würde, als er seinen kleinen Vogel wieder über sich sah. Mit dem Kolibri an seiner Seite machte er sich auf den Weg in das Tal. Er brauchte keinen Hinweis, wohin er gehen musste. Er folgte einfach dem Fluss und seinen Verästelungen, so lange, bis er an eine alte Eiche kam, unter der sein Bruder sitzen würde.

# Kapitel 35

*Mit der Kraft der Liebe lässt sich alles bewahren.* Ben stand unter der alten Eiche und sah immer noch auf den Gegenstand, den sein Bruder eben aus seiner Tasche hervorgeholt hatte. »Du wirst ihn für deine weitere Reise brauchen«, sagte Max. »Was soll ich damit machen?«, fragte Ben. »Das wirst du wissen, wenn der Zeitpunkt gekommen ist«, antwortete Max ihm ruhig. »Ich habe schon so oft versucht, das Richtige damit zu tun. Vielleicht schaffst du es ja, wenn dein Weg zu Ende ist.« Ben kam das rätselhaft vor.

»Dann müssen wir uns jetzt voneinander verabschieden?«, fragte Ben verunsichert. »Ja«, sagte Max. »Was hast du als Nächstes vor?«, fragte Ben. »Ich werde das tun, wovon du mir erzählt hast. Ich werde von hier aus den Fluss entlangwandern. Damit du das Rätsel lösen kannst, werde ich zum König gehen und alles so vorbereiten, wie du es mir beschrieben hast. Ich werde dem König die Frage überbringen, die von der Kraft handelt, mit der man den Dingen ein unendlich langes Leben schenken kann. Ich werde ihm sagen, dass später ein Mönch kommen wird, um sie zu beantworten, und dass er ihm zur Belohnung den Weg durch das Tal nach *Damai* weisen soll. Dann werde ich zu dem Tor gehen, das zur Meerseite führt, und auf dich warten. Ich mache mich auf den Weg, um all die Dinge mit dir zu erleben, die sich für dich in Ashnapur bereits ereignet haben.«

*Erleben.*

»Weißt du, was danach auf der Insel mit dir geschehen wird?«, fragte Ben. Max schwieg einen Moment. Dann sagte er: »Ich denke schon.« Nach einer Weile fügte er hinzu: »Aber ich werde es in Ashnapur ja noch einmal von dir erfahren.« Ben versuchte, nicht zu verzweifelt auszusehen. Max sah ihn liebevoll an: »Aber ändern wird das nichts an dem, was geschehen ist.« Eine Träne lief Ben über die Wange. Er verstand, dass es Zeit war, endgültig loszulassen. In der Stadt hatte er bereits akzeptiert, dass sein Bruder auf der Insel ums Leben gekommen war. Nun musste er von seinem Bild, das immer wieder aufgetaucht war, endgültig Abschied nehmen.

»Lebe wohl, du siehst mich ja noch ein paar Mal«, sagte Ben tröstend. Dann wandte er sich ab. Er tastete nach dem kleinen Gegenstand, den nun er selbst in seiner Mönchskutte bei sich trug. Vor ihm stand sein kleiner Kolibri in der Luft. Fast meinte Ben, er könne das Symbol erkennen, das sein Flügelschlag verbarg. Doch damit musste er sich noch gedulden.

## Kapitel 36

Ben wanderte den Fluss entlang in Richtung des Waldes, der vor dem Dorf der Namenlosen lag. Er war den Bergen schon ganz nahe. Das Friedenskloster war schemenhaft am Horizont erkennbar. *Damai.* Dort wollte er hin. An diesem Platz musste er die Zeit einfangen und zum Stillstand bringen.

Die alte Eiche und die vielen Abzweigungen, die der Fluss im Tal nahm, lagen bereits weit hinter ihm. Ben gelangte nun an die Stelle, wo einst Max zum ersten Mal den Jungen im Fluss gesehen hatte. Sein Kolibri flog hoch über ihm und wies ihm den Weg dorthin. »Du bist endlich wieder hier«, hörte Ben die vertraute Stimme aus dem Fluss, und als er näher ans Ufer ging, sah er, dass ihn wieder der Junge anblickte, der sich seit ihrem ersten Treffen damals vor der Stadt Ashnapur nicht verändert hatte.

Ben war erstaunt. »Sind wir uns denn an dieser Stelle schon einmal begegnet?«, fragte er sein Spiegelbild, das die Strömung des Flusses nicht zu ändern vermochte. »Aber natürlich sind wir das«, antwortete der Junge sanft. »Es ist erstaunlich, dass du dich nie daran erinnern kannst, wenn wir uns hier an dieser Stelle wiedersehen.« Verwundert drehte Ben sich um. Er sah den Wald, hinter dem die Berge lagen. Sein Blick schweifte über das Tal, in dem die alte Eiche stand, an der er gerade noch ein letztes Mal seinen Bruder getroffen hatte. In der Ferne meinte er die Stadt Ashnapur zu erkennen, und er glaubte sogar – obwohl er sicher war, dass seine Augen nicht so weit zu sehen vermochten – weit dahinter im Meer eine Insel wahrzunehmen.

»Du bist diese Strecke so oft entlang gewandert«, sagte der Junge da zu ihm. Fragend sah Ben das Bild im Fluss an. »Aber ich gehe diesen Weg doch zum ersten Mal?« Der Junge lächelte bei diesen Worten und wunderte sich im Stillen. War dem jungen Mann in seiner Brahmanenkutte gar nicht aufgefallen, welche Vielzahl ewig gleicher Veränderungen er nun schon durchlebt hatte? Oft hatte der Junge es ihm zu erklären versucht und doch schien jede Veränderung ihn immer wieder vergessen zu lassen, was er ihm an diesem Platz stets sagte, bevor er zu dem Dorf mit dem Feuerkelch gehen würde, um seine Reise abzuschließen.

»Seit Ewigkeiten lässt dich dein Weg zwischen den Bergen und dieser Insel pilgern. Er verändert dich und ist dabei immer derselbe.« Ben glaubte nicht, was er hörte, und dennoch konnte er seinen Blick nicht abwenden und lauschte den Worten aus dem Mund des

Jungen. »Auf der Insel verharrst du im Bewahren, bis der Drang nach Veränderung so übermächtig wird, dass er dich zum Aufbruch zwingt. Weil eine innere Wahrheit dich nicht loslässt. Aber du gehst nie ganz. Immer lässt du etwas zurück. Jedes Mal stirbt ein Teil von dir. In Gedanken nimmst du ihn jedoch mit auf deinen Weg. So taucht die Vergangenheit immer wieder auf und du glaubst dich Trugbildern ausgeliefert. Du spürst, dass diese Seite von dir der Zeit entgegen reist zu einem Ziel, das längst hinter dir liegt. Bis du im Laufe der Reise lernst, loszulassen. Du akzeptierst, dass das Leben sich nicht ändern lässt, und strebst nach neuer Erkenntnis. Du versuchst, die Geheimnisse des Daseins zu ergründen, die dir oft so rätselhaft erscheinen. Immer hilfst du dir selbst mit dem, was du schon weißt.«

Ben sah bei diesen Worten all die Ereignisse seines Weges wie in einer Sekunde an ihm vorbeirauschen. »Dieses Mal hast du geglaubt, die Liebe zu verstehen. Nicht nur zu anderen Menschen und zu den Dingen um dich herum, sondern vor allem auch die Liebe, die du dir selbst entgegenbringen musst.« *Die Kraft, die die Veränderung durchbrechen kann.* Ben kam alles wieder in den Sinn. »Aber niemals gelingt es dir, aus diesem Kreislauf der Erkenntnissuche auszubrechen. Du opferst dein Wissen in dem Feuerkelch vor dem Dorf, um in die Berge zu gelangen. Dort wirst du Schüler, aber nie Meister einer ewigen Wahrheit. Irgendwann willst du auch dort verharren. Unruhe macht sich breit. Furcht ergreift dich, dass dieser Zustand bedroht sein könnte. Dass du selbst es bist, der ihn bedroht, ja geradezu hinfort wünscht, um weiterleben zu können, erfasst du nicht.« Ben sah sich als Arjuna in den Bergen aus der Meditation aufschrecken, weil er vom Wandel träumte.

»Wenn du von deinem Kloster in den Bergen aufbrichst, schlägst du unweigerlich einen Pfad ein, der dich am Ende immer wieder zu dem Ursprung deiner Reise führt. Du wirst mit allen vorherigen Begegnungen und Erkenntnissen deiner Vergangenheit konfrontiert, denen du doch nicht entkommen kannst.« Der Junge machte eine lange Pause, bevor er seine letzten Sätze sprach. Er sah, wie in Ben ein Bewusstsein aufkam, gegen das er sich wehrte, und gleichzeitig schien er zu wissen, dass es die Wahrheit war, die er hörte. Dann sprach der Junge weiter. »Aber am Ende gelangst du immer wieder auf deine Insel. Sehenden Auges, dass dort alles enden und neu beginnen muss, opferst du dich selbst für einen neuen Aufbruch. So entkommst du nie dem Kreislauf des unabänderlichen Werdens und Vergehens.«

Ben ließ das Gehörte sacken. Fassungslos starrte er auf sein Bild im Fluss. War das wirklich die Wahrheit? »Aber mein Bruder?«, hörte er sich noch sagen, bevor das Bild sich mit einem letzten Satz von ihm verabschiedete: »Von welchem Bruder sprichst du, Maximilian Benjamin?« Dann sah er nur noch sich selbst. Der Junge im Fluss war verschwunden.

Ohnmächtig tastete Ben nach dem Gegenstand in seiner Kutte. Er war zu seinem letzten Halt geworden. Fest hielt er ihn umklammert. Wie oft er auch schon diesen Kreislauf abgeschritten war, dieses Mal würde er ihn durchbrechen. Mit der Faust in der Tasche, die den kleinen Gegenstand nicht mehr losließ, ging er weiter, bis er das Dorf erreichte, um sich noch einmal dem Feuerkelch zu stellen.

## Kapitel 37

Ben hatte noch nicht alles, was er von dem Jungen im Fluss erfahren hatte, erfassen können. Sollte es wirklich nur er sein, der immer wieder zwischen der Insel und den Bergen umherwanderte? Ständig auf der Suche nach einer Antwort auf das Rätsel des Lebens. Jedes Mal mit einer anderen Erkenntnis in die Berge kommend, um dort eine Weile als Mönch zu leben, bevor ihn wieder die Unruhe ergriff.

Als er auf den Platz mit dem Feuerkelch zuschritt, der vor dem Dorf der Namenlosen lag, spürte er, dass diese ewigen Reisen nicht umsonst gewesen waren. Hatte er nicht immer etwas Neues gelernt? Er meinte sogar, beim letzten Mal eine Weisheit in den Flammen gesehen zu haben, die er doch nicht ganz begreifen konnte. Goldene Lettern, die die Ewigkeit erreichen konnten, hatten sich ihm damals gezeigt, bevor sie dahingeschmolzen waren und er nur die drei schwarzen Buchstaben mitnehmen konnte, die den Namen bildeten, den er schon immer getragen hatte.

Sein Kolibri war vorausgeeilt und schwebte bereits

nahe den Flammen in der Luft. Der Wächter bemerkte den Vogel nicht, sondern fragte Ben nur nach der alten Regel und dieser bejahte, dass er wisse, was zu tun sei. Als er diesmal in die Flamme schaute und der grüne Strahl des berauschenden Feuers versuchte, seinen Geist zu ergreifen, hielt Ben den kleinen Gegenstand ganz fest in seiner Hand. Wieder sah Ben, wie die Flamme Namen und Gestalten formte. Sie zeigte ihm alle Weggefährten und Menschen, denen er auf dieser Reise begegnet war. Die Frau im Laden, den Wirt und den Händler, den König und den Fährmann. Das Trugbild seines Bruders in seiner eigenen Gestalt tauchte auf, Arjuna, Max, Ben und unzählige weitere Namen längst vergessener Reisen erschienen ihm im Feuer. Alle ließ er verglühen.

Mit starrem Blick fixierte er seinen Kolibri. Durch die Rauchschwaden konnte er nur unscharf das Bild seines kleinen Vogels in der Luft wahrnehmen. In dem Flügelschlag steckte das Symbol. Auf seiner letzten Reise hatte Ben die Kraft der Liebe erfahren. Seinen Bruder hatte er gehen lassen, den anderen Teil seines Selbst, das nach Veränderung strebte, während er bewahren wollte. Die Seite in ihm, die den Wandel akzeptierte, den Ben doch stets geleugnet hatte. Die Liebe bleibt, sie überdauert den Tod und überwindet die Zeit. Was wir lieben, hat Bestand. Glaube und Hoffnung sind ihre Verbündeten, aber die Liebe ist die stärkste Kraft unter ihnen.

Einst hatte Ben geglaubt, allen Menschen, die er liebte, ein unendlich langes Leben bescheren zu können. Bei diesem Gedanken umfasste Ben den kleinen Gegenstand. Er öffnete die Hand und sah ihn an. Dann wanderte sein Blick zu seinem Kolibri in der Luft. Ben bemerkte, wie sich der Flügelschlag verlangsamte und ein Symbol erkennbar wurde. Es wurde größer und größer und erfasste den gesamten Körper des Vogels. Als Ben benommen von den grünen Rauchschwaden ein letztes Mal auf den kleinen Gegenstand schaute, hatte das Feuer ihn bereits angesengt. Langsam glitt er ihm aus der Hand und fiel den Flammen entgegen. Es war ein Holzkolibri. Sein Lieblingsspielzeug, das er als Kind beinahe für immer im Kamin verloren hatte, stand in Bens Geist für einen Moment still in der Luft. Dann stürzte er in das Feuer. Als der Feuerkelch den kleinen Gegenstand ganz erfasste, sah Ben, wie sich der Kolibri ganz und gar in das Symbol verwandelte, das in seinem Flügelschlag verborgen gewesen war. Eine liegende Acht erschien. Das Symbol der Ewigkeit. Aus ihren Umrissen formte sich ein neuer Name, während der Holzkolibri vollends verbrannte.

Ben hatte alles losgelassen, was er aus seinem Leben kannte. Der grüne Rauch bildete aus den Umrissen der liegenden Acht goldene Buchstaben. Wieder begann sich der Name zu offenbaren, der sich ihm schon beim letzten Mal zeigen wollte. Diesmal hielt er ihm stand. Er kannte keine Furcht mehr und keine

Angst. Ben wusste, alles würde irgendwann wiederkehren. Das Bewahren und das Verändern hatten zusammengefunden. Das Herz sprach mit seiner Seele.

Als seine Tränen das Feuer gelöscht hatten, war nur noch ein einziger Name übrig. Er stand da in goldenen Lettern. Ihm konnten weder Feuer noch Wasser etwas anhaben. Der unsterbliche Name, gemacht für den Blick in die Ewigkeit, in der die Zeit einem nichts anhaben konnte, offenbarte sich ihm. Es war das alte Wort für die Seele: *Atman.*

## Kapitel 38

Die Zeitenfängerin lag benommen auf dem Plateau und kam langsam wieder zu sich. Die Wirkung des Wurzelkrauts hatte nachgelassen, und allmählich kehrte sie in die Realität zurück. War das alles eine Vision gewesen? Oder hatten sich die Dinge wirklich so zugetragen? Rea vermochte den Unterschied nicht mehr zu erkennen und fragte sich, ob das Substrat dieser Pflanze sie für immer verändert hatte. Ob sich ihr Blick auf die Realität schlicht erweitert hatte. Konnte sie nun Dinge sehen und tun, die nach menschlichem Ermessen unmöglich waren? Oder war sie dabei, ihren Verstand zu verlieren – hatte sie ihn womöglich bereits verloren? Was wäre, wenn sie nicht mehr in die Realität zurückfände? Schritte unterbrachen ihre Gedanken. Sie hörte sie aus der Ferne. Dann aber wurden sie lauter und kamen schließlich immer näher. Als sie sich mühevoll aufgesetzt hatte, sah sie, wer die Treppe zum Plateau hinaufgestiegen war.

»Arjuna!« Mit einem freudigen, wenn auch schwachen, von der Erschöpfung gezeichneten Ausruf be-

grüßte sie ihren Schüler. »Du bist zurückgekehrt!« Sie verfluchte sich dafür, dass ihre größte Stärke, ihre Geduld, nicht ausgereicht hatte, um auf seine Rückkehr zu warten, ja, an sie zu glauben. Nur wenige Stunden musste es her sein, dass sie sich zu der Zeremonie entschlossen hatte. Es hätte alles anders sein können, wenn sie nur die Beharrlichkeit aufgebracht hätte, für die ihr Schüler sie stets bewundert hatte. Aber auch das war nicht mehr wichtig. Wichtig war allein, dass Arjuna zurück war. Seine Mission hatte Erfolg gehabt.

»Das ist nicht mehr mein Name«, hörte sie da seine Stimme sagen. Und doch stand dort ihr Schüler vor ihr, so, wie sie ihn schon immer kannte. Es war genau der Mensch, der sich vor nicht allzu langer Zeit von hier aus auf den Weg gemacht hatte. Er wollte sich demjenigen entgegenstellen, der alles ins Verderben zu stürzen drohte. War es nicht gerade erst gestern gewesen, dass ihr Schüler aufgebrochen war? Noch immer war ihr Geist von der Zeremonie vernebelt. Oder hatte sie sich doch dauerhaft verändert? War das Kraut der Götter in ihr geblieben und wirkte noch immer? Ein Gedanke verzückte den Geist der Hohepriesterin. Hatte sie sich womöglich sogar zur Höchsten gewandelt? Schon wollte sie sich umwenden, um ihren Blick zwischen die Berge zu richten und zu sehen, ob sie die Ewigkeit erblicken konnte. Da hörte sie die Worte, die all ihre Selbstherrlichkeit zerspringen ließen wie einen Spiegel in tausend Scherben.

»Ich bin Atman«, sagte die Stimme und hielt Rea zurück von dem Versuch, in die Berge zu schauen. Stattdessen wandte sie sich ihrem früheren Schüler zu, in dessen Augen sie nun die ewige Wahrheit erblickte. Sie realisierte, was aus ihm geworden war. Rea erinnerte sich noch einmal an alle Geschehnisse, die sich in ihrer Vision zugetragen hatten. Doch nun konnte sie in aller Klarheit die Dinge erkennen, wie sie wirklich waren. Sie sah, wie sie die Zeit zu einem Lichtstrahl gebündelt hatte, den sie von *Damai* zu der kleinen Insel gesandt hatte und der von dort hierher zurückgekehrt war. Und dann begriff sie noch etwas. Sie selbst hatte mit ihrem Verhalten das ausgelöst, was sie so sehnlich zu verhindern suchte. Die Bündelung der Zeit hatte ihren Schüler zu dem Jungen von der Insel geführt. Reas Eingriff hatte die beiden sich immer und immer wieder auf dem Weg begegnen lassen. Erst dadurch konnte aus ihrem Schüler Arjuna der Meister Atman werden. Was in zeitlicher Abfolge unmöglich gewesen wäre, hatte sie verbunden. So traf ihr Schüler in Ashnapur auf den Bewahrer von der Insel, der auf dem Pfad des Lebens zu einem Abenteurer wurde und den ewigen Namen fand, den Arjuna einst in den Flammen der Vergänglichkeit vor dem Dorf gesehen hatte und der für ihn als Schüler eine zu hohe Bürde gewesen war. Bei diesen Gedanken merkte Rea, wie ihr Verstand wieder die Kontrolle zu verlieren drohte. Es war immer noch diese Pflanze, die ihren

Geist verwirrte. War sie nach wie vor in Trance, stand sie weiter unter dem Einfluss des Substrates? War sie überhaupt schon wieder bei Bewusstsein? Die Fragen wucherten und spannen sich zu Karmafäden, die sie zu strangulieren drohten.

Es war seine Stimme, die diese Fesseln durchschnitt, sie abfallen ließ und ihr den Glauben schenkte, einen letzten, kurzen Blick auf die Welt zu erlangen, die sie für ihre Realität hielt. »Ich bin gekommen, um meinen Platz einzunehmen«, sprach Atman und schaute auf das Oval, auf dem Rea saß. Es war tatsächlich ihr früherer Schüler Arjuna. Die Reise hatte ihn reifen lassen. Er hatte sich wohl doch erfolgreich dem Bewahrer entgegengestellt. Wo auch immer dies geschehen war, zu Beginn des Weges in dem Dorf, das keine Namen kannte, oder erst am Ende in der Stadt Ashnapur, es hatte keine Bedeutung, welcher Teil ihrer Vision der Realität entsprach. Irgendeine dieser Begegnungen hatte wirklich stattgefunden, war real gewesen und nicht Teil eines Rausches und hatte ihren Zweck erfüllt.

»Atman, mein Schüler«, sagte Rea stolz. »Du hast vollbracht, was ich nicht zu hoffen wagte. Komm und zeige mir, wie sich das Tor zur Ewigkeit öffnen lässt.« Als sie diese Worte ausgesprochen hatte, spürte sie eine Veränderung in sich. Sie sah, wie aus den Poren ihrer Arme das Wasser strömte. Ihre Glieder wurden zu Bächen, und ehe sie noch begriff, was geschah, sah sie sich dahinfließen. Sie entglitt sich selbst und wurde bis hinter den Horizont gespült. Aus dem Oval war ein Brunnen geworden, aus dem nun ein Fluss entsprang, in den Atman steigen würde, um die Zeit einzufangen. *Damit alles bleibt, wie es ist, obwohl alles fließt.*

Die Schamanenpriester fanden ihre Meisterin leblos am Boden liegend. Ihr Körper hatte sich nach dem Ritual ein letztes Mal aufgebäumt und war von dem rundlichen Felsen gerollt. So lag sie nun auf dem Plateau. Man solle die Wurzel für immer verschließen, hatten die einen geklagt. Ein anderer Priester wandte ein, sie sei vielleicht schon zu schwach gewesen, aber habe willentlich ein letztes Mal in ihrem Leben einen Blick auf die Götter werfen wollen, bevor ihre Zeit gekommen war. Der Erste unter den Priestern aber glaubte, es hätte an dem Wunsch selbst gelegen, mit dem sie in die Zeremonie gegangen sei. Ob es ein falscher Wunsch war, fragte ein anderer. Richtig oder falsch, vielleicht beides, sagte der Erste noch. Dann aber schwieg er. Sie hatte die Ewigkeit angestrebt, was sollte er darüber richten.

Atman jedoch hörte das alles nicht. Kurz trauerte er um ihren Tod. Dann schritt er zu dem Oval und ließ sich darauf nieder. Wie in ihrer letzten Vision fühlte er sich dabei, als steige er in einen Fluss. Das Wasser rauschte an ihm vorbei. Ruhig und friedlich nahm er es hin. Er hatte das Plateau erreicht. Die Sonne verlor langsam ihre Kraft. Er richtete seinen Blick auf die

Berge, die in einer weit entfernten Ewigkeit am Horizont standen. Als sein inneres Auge sich mit dem Firmament vereinigte und die letzten Strahlen einer wärmenden Sonne seinen Geist erleuchteten, war es ihm, als hätte er die Zeit eingefangen.

# Epilog

Es waren diesmal nicht die Vögel, es war die Stille, die ihn weckte. Die Abwesenheit des Gezwitschers, das sonst den Morgen einläutete, drang in seinen Kopf. Sie ließ ihn schlagartig die Augen öffnen. *Wo war er?* Trübes Winterlicht hatte begonnen, den Raum aus der Dunkelheit zu holen. Es schien fahl auf sein Bett. Er hob den Kopf, aber es fiel ihm schwer, sich zu orientieren.

Der Raum war kalt und seine Glieder fühlten sich erfroren an. Er hatte Mühe, sich aufzusetzen. Ihn fröstelte. Es dauerte eine Weile, bis sein Kreislauf etwas Wärme in seinem Körper zirkulieren ließ. Nach einer Reihe vergeblicher Versuche befahl sein Geist ihm, endlich aufzustehen. Er stolperte aus dem Zimmer, seine Knochen knackten und knirschten und drohten bei jedem Schritt zu zerbrechen.

Aber er wusste, wohin sein Weg ihn an diesem Morgen führen würde. Das Weiß des Winters hatte sich über die gesamte Landschaft gelegt. Die Kraft der Sonne war um diese Jahreszeit ebenso geschwunden wie die seines Körpers, den er nur mit äußerster

Willensanstrengung dorthin bewegen konnte, wo er schon so lange nicht mehr gewesen war. Das Wasser trennte die friedliche Schneedecke in zwei Teile. Ruhig fügte sich der Fluss in die Landschaft ein, und doch war es nur der Lauf dieses Wassers, der dem Winter an Lebenskraft geblieben war.

Sein vor Kälte fast völlig starrer Körper hatte sich zum Fluss geschleppt. Seine Augen betrachteten das Wasser, so wie sie es schon immer getan hatten. Seine Gedanken, eben noch fest und klar auf etwas gerichtet, wurden von der Strömung allmählich fortgetragen. *Was wollte er bloß hier?* Nach einer langen Pause, den starren Blick immer noch auf den Fluss gerichtet, kam es ihm wieder in den Sinn. *Sein Ritual.*

Mühsam stieg er in das Wasser, das seine Beine sogleich mit eisigem Griff umklammerte. Sein Gesicht schmerzverzerrt, zog er Schritt für Schritt seine durchgefrorenen Füße zur Flussmitte und konnte gar nicht glauben, wie langsam die Kälte ihn machte. Wäre der Strom etwas stärker gewesen, hätte er sich nicht auf den Beinen halten können. Schließlich erreichte er die Stelle im Wasser, an der er immer gestanden hatte. Wie üblich wusch er sich das Gesicht und verstand nicht recht, warum auch dies ihm so schwerfiel. Dann schaute er an sich herab auf die langsame Strömung. Da begriff er, warum ihm der Winter so zu schaffen machte. Der Fluss zeigte es ihm. Im Wasser sah er das Bild eines alten Mannes.

Unwillkürlich schaute er zu dem Hügel, auf dem sie damals gestanden hatte. Rea lächelte ihn an. Es war das erste Mal seit Jahren, dass er sie wieder dort oben sah. Sie musste nichts sagen. »Alles fließt«, begrüßte er sie mit einem freundlichen Nicken. Er schaute noch einmal auf seinen alten Körper und nach einer kurzen Pause fügte er hinzu: »Nichts bleibt, wie es ist.«

Rea sah den Jungen lange an, der nun zu einem alten Mann geworden war. In ihrem Blick war keine Traurigkeit mehr. Kurz glaubte er, es könne Freude sein. Aber dann verstand er, was es wirklich war: Es war ein Friede, wie ihn nur die Ewigkeit kannte. Als er noch darüber nachdachte, was ihr Blick wohl zu bedeuten hatte, sagte sie zu ihm: »Alles kehrt zu seinem Ursprung zurück. Alles, was der Fluss forträgt, findet irgendwann auf ganz wundersame Weise wieder zu ihm zurück.« Der alte Mann konnte nicht anders und schaute abermals an sich hinab. Er wandte den Kopf und blickte der Strömung nach. Das Letzte, was er sah, war, wie sein alter Körper auf den sanften Wogen des Wassers hinweggetragen wurde. Er schaute ihm lange nach, so lange, bis er irgendwann am Horizont verschwunden war.

Als sich Monate später ein neuer Frühling ankündigte, stand in der Strömung des Flusses ein kleiner Junge und beschloss, das Bad im Wasser zu seinem Ritual zu machen.

# Der Bestseller als prächtige Geschenkausgabe

ALLE LIEFERBAREN TITEL, INFORMATIONEN UND SPECIALS FINDEN SIE ONLINE

www.dtv.de **dtv**

# Willkommen im Café am Rande der Welt!

www.dtv.de